Hodkinson • Believe in the Sign

Kurz ist also eines Menschen Leben,
und eng der Erdenwinkel, in dem er verweilt.

Marcus Aurelius, 121–180 n. Chr.

Mark Hodkinson

Believe in the Sign

Eine Fußballjugend in Nordengland

Aus dem Englischen
von Klaus Gröner

Arete Verlag Hildesheim

Der Autor möchte folgenden Personen für ihre Mitwirkung an diesem Buch danken: Paula Ridings, Roy und Jean Hodkinson, Ursula Lumb, Christian Brett, Richard Whitehead, Fred Eyre, Trevor Hoyle, Richard Lysons, Hunter Davies, Robert Kirby, David Luxton, Col Cavanagh, Kevin McCarra, Jack Hammill, Tom Palmer und den Teams bei Troika und Central Books. Einige Fotos wurden dankenswerterweise vom *Rochdale Observer* zur Verfügung gestellt. Danke, Chris Lloyd und Les Barlow. David James und Mark Wilbraham steuerten ebenfalls einige Bilder bei. Das Foto von Firgrove (mit freundlicher Genehmigung von G. Wilson) und vom Brötchenchristus stammen aus der Local Studies Collection, Touchstones, Rochdale. Dean Morgan stellte das Exemplar der *Rap* zur Verfügung.

PS: Ich habe die Namen einiger Personen in dem Buch geändert, die von anderen Personen jedoch nicht, wenn ich davon ausging, es würde ihnen nichts ausmachen, erkannt zu werden. Die meisten Geschichten in dem Buch sind wahr, oder zumindest beinahe.
Abschließend sei erwähnt, dass der Rochdale AFC heute völlig anders aufgestellt ist als damals, als ich ihn in den 1970ern kennengelernt habe. Ich möchte niemanden davon abhalten, einen freundlichen und modernen Club zu besuchen, und dies umso mehr, als er 2007 seinen 100. Geburtstag feierte.
www.markhodkinson.com

Titel der 2007 bei Ponoma Books erschienenen Originalausgabe: Believe in the Sign

Diese Übersetzung von Believe in the Sign erscheint mit freundlicher Genehmigung von Pomona Books, UK (www.pomonauk.co.uk) und wurde vermittelt von der Literaturagentur erzähl:perspektive, München (www.erzaehlperspektive.de).

Bibliografische Informationen
Die Deutsche Bibliothek verzeichnet diese Publikation in der Deutschen Nationalbibliografie; detaillierte bibliografische Daten sind im Internet über http://dnb.ddb.de abrufbar.

www.arete-verlag.de

Layout/Satz/Umschlagsgestaltung: Composizione Katrin Rampp, Kempten
Titelfoto: © Grecaud Paul/fotolia.com
Druck und Verarbeitung: Aalexx Buchproduktion GmbH, Großburgwedel
ISBN 978-3-942468-10-7

Inhalt

Greenall Whitley
THE DALE
ROCHDALE
WELCOME TO SPOTLAND
AFC

Crede Signo

(Believe in the Sign,
Motto des Rochdale AFC)

1

Death by Supermarket

Damals scherten sich die Eltern noch nicht viel um so etwas Verrücktes wie *Quality Time* mit ihren Kindern. Sie lebten einfach ihr Leben (was auch immer das hieß) und man war sich selbst überlassen. Man konnte auf der Straße Fußball spielen. Oder flach auf einem Holzbalken liegen, der durch eine Unterführung auf dem Kanal trieb. Oder man konnte auf der anderen Seite des Zauns meilenweit neben der Autobahn hergehen, vorbei an Fabrikanlagen und Bauernhöfen. Oder man konnte ausprobieren, wer die Betonstufen der Treppenhäuser in den Wohnblocks von Ashfield Valley am weitesten hinunterspringen konnte und den wimmernden Sieger später heimtragen. Oder man konnte sein Rad rausholen und zum Hollingworth Lake radeln, wo die tougheren Kids mit schlotternden Knien und klappernden Zähnen in das eisige Blau hineinwateten, voller Angst vor gigantischen Kinder fressenden Hechten.

Jenseits der Straßen und Häuser gab es verschiedenste Plätze zu bestaunen; interessante, grasbewachsene Plätze. Wir kamen nie dorthin, nicht richtig zumindest. Meine Eltern gingen davon aus, dass das ›Land‹ in Privatbesitz war und an jedem Pfosten ein Bauer mit dem Gewehr in der Hand lauerte. Außerdem fror Mum normalerweise. Kaum waren wir ein paar Meter gegangen, war von ihr zu vernehmen:

»Es ist scheißkalt. Was machen wir hier draußen eigentlich?«

Also rannten wir zurück zum Auto und machten uns stattdessen über unsere Sandwiches in den Alufolien her.

Dad war nach der Arbeit immer fix und fertig, völlig verstaubt, alles tat ihm weh. Er malochte in einem ordentlichen Job, was bedeutete, dass er einen ordentlichen Tee und ein ordentliches

Bad brauchte, wenn er nach Hause kam. Und dann war es schon fast neun Uhr, Zeit fürs Bett, außer es lief die Sportschau.

Ich bin mir sicher, dass meine Familie abends öfter zusammen ausging, aber ich kann mich nur an zweimal erinnern. Das erste Mal war, als wir im Odeon *Planet der Affen* sahen. Das andere Mal war, als wir ins Spotland Stadium gingen, die Heimat des Rochdale Association Football Clubs, des ›Dale‹. Wir gingen alle dorthin – Dad, Mum, meine Schwester und ich, an einem Montag im Oktober 1974.

Wir saßen auf einer schäbigen Holztribüne voller mittelalter und richtig alter Männer, die vor sich hinhusteten und -jammerten. Wenn Rochdale traf, sprangen sie von ihren Sitzen auf, klopften sich gegenseitig auf den Rücken und grinsten, als sei die Welt absolut in Ordnung. Der Regen prasselte herunter und das Spielfeld verschwand samt den Spielern im Nebel. Wir tranken süßen milchigen Kaffee, den es bei einer Hütte hinter der Tribüne zu kaufen gab. Vor der Hütte war ein niedriger Metallzaun, damit sich eine anständige Schlange bilden konnte, aber meine Schwester und ich schlüpften einfach unten durch, weil gerade niemand in der Nähe war. Die Verkäuferinnen lehnten am Tresen und spielten mit Plastiklöffeln auf den metallenen Heißwasserbehältern Schlagzeug. Auf dem Tresen standen Kisten mit Twix, Marsriegeln und Stimorol-Kaugummis. Der Kaugummi wurde glitschig, wenn man während des Kauens den Kaffee im Mund herumspülte.

»Wie steht's? Führen wir noch?«, fragte eine der Verkäuferinnen.

»Nein, es steht unentschieden.«

»Das Übliche«, seufzte sie.

Zurück auf der Tribüne glotzten wir durch die Holzplanken unter unseren Füßen auf das Gelände darunter. Dort stapelten sich ziemlich hoch die weggeworfenen Plastikbecher, Zigarettenpackungen und Süßigkeitenschachteln. Ein paar Minuten vor Spielende schlurften die Damen von der Teebar mit leeren Teekannen in der Hand den Schieferweg neben dem Spielfeld entlang. Sie hielten an und unterhielten sich mit den Leuten in der Menge.

Das Spiel endete unentschieden. Meine Mum und meine Schwester gingen nie wieder ins Spotland. Aber Dad und ich konnten uns einfach nicht mehr fernhalten.

Die Supermärkte hatten die Stadt erreicht, und Tesco verteilte bei dem Spiel, das wir uns ansahen, Autoaufkleber an die Fans. Asda war mittlerweile in die leerstehende Queens-Fabrik in Castleton gezogen und wurde dort als Asda Queens* bekannt.

Tesco war ein reines Zweckgebäude mit Gängen so lang wie Startbahnen auf dem Flughafen, und die Mädchen, die dort arbeiteten, hatte man zuletzt in Schuluniform gesehen. Jetzt trugen sie Schürzen, blauen Lidschatten und in der Mitte gescheiteltes Haar.

Der Laden veranstaltete am Abend nach dem Spiel zur Eröffnung eine ›Party Night‹ und versprach: ›Preise, Vorführungen und Gratisproben sowie Gastauftritte der Spielerstars‹. Eigentlich durften Kinder nur in Begleitung Erwachsener kommen, aber selbst diejenigen, die mit ihren Eltern gekommen waren, liefen schon bald völlig verloren zwischen den Bohnenkonserven und Päckchen mit gefrorenen Erbsen herum. Kaum einer von uns erkannte die Spieler oder wusste gar deren Namen, also umringten wir jeden Kerl, der zu alt aussah, um noch in die Schule zu gehen, aber jünger wirkte als unsere Väter. Kaum wurde jemand in einer Nylonschlaghose entdeckt, scharte sich sofort eine Gruppe Kids mit Federhaarschnitten und *Snorkel*-Parkas um ihn:

»Können wir ein Autogramm haben, Mister?«

Hinterher gab der *Rochdale Observer* bekannt, dass mehr als 2.000 Kinder und Jugendliche durch den Supermarkt gewuselt waren und dass zwischenzeitlich sogar der Einlass gesperrt werden musste, um die Ordnung aufrechtzuerhalten. Ich habe heute noch das Stadionheft mit den Autogrammen. Auf den Innensei-

---

* Ich liebe den verträumten Klang, den die Kombination dieser beiden Wörter auslöst. Es hört sich nach einem wunderschönen Ort zum Einkaufen an, aber der war diese zugige Fabrik natürlich nicht, bei der es die Rampen hinauf und hinunter ging wie bei einem Fahrgeschäft auf dem Rummelplatz.

ten verrät eine Anzeige von Hymie Showman aus der Yorkshire Street, Rochdale, dass er für seine Schneiderkunst mit acht Goldmedaillen ausgezeichnet wurde, während die Firma *Turner Brothers Asbestos* Jobs in den Abteilungen Versiegelungsmaterial und Hartplastik zu vergeben hat. Sie boten eine ›sichere Anstellung‹ und zusätzliche Overalls – bei kostenloser Wäsche durch die Firma. Der Freizeitclub des Rochdale AFC verkauft Mild Bier zu 11 Pence pro Pint, Bitter und Lager zu 15 Pence und Whisky und Cherry B zu 13 Pence pro Glas.

Ich wusste nicht, dass Rochdale eines der schlechtesten Teams der Football League war. Doch schon bald tauchte ich regelrecht in seine Vergangenheit ein. Sie war überall; wie Nieselregen weichte sie dich durch deinen Mantel hindurch ein. Bis auf fünf Jahre hatte Rochdale seine gesamten 63 Jahre in der untersten Liga verbracht. Mein Einstieg fiel genau mit seiner Rückkehr dorthin zusammen. Sie waren auf schmählichste Art und Weise abgestiegen, mit gerade mal zwei Siegen in der gesamten Saison, hatten 94 Gegentreffer kassiert und die Saison 21 Punkte hinter Port Vale, dem ersten Nichtabsteiger, beendet.

Erschwerend kam hinzu, dass der Club von der Stadt, die er angeblich repräsentierte, mehr oder weniger verstoßen worden war. Der ursprüngliche Geist der Zusammenarbeit, der den Club und die Stadt mit den berühmten *Rochdale Pioneers* zusammengeschweißt hatte, hatte sich in Luft aufgelöst. Die Spieler klammerten sich nur noch verzweifelt an einen Strohhalm in ihrem Dasein, das längst von Niederlagen und Scheitern geprägt war. Sie wurden verhöhnt, ihr unaufhaltsamer Niedergang mit Schadenfreude erwartet. In den Augen vieler hatten sie die Stadt jahrelang deprimiert und nichts getan, außer zu verlieren und über Gehaltskürzungen zu jammern.

Einmal kaufte ich nach einem Spiel einen Packen alter Stadionhefte im Clubshop. Sie rochen schon nach Feuchtigkeit. Die Seiten waren vergilbt und der Rost der Klammern, mit denen sie zusammengetackert waren, lief dunkelorange ins Papier hinein. Sie umfassten eine große Zeitspanne seit den späten 1940ern. Die Editorials waren Jahr für Jahr ungefähr die gleichen: Klagen über Niederlagen, die Forderung nach mehr Fans, reine Rhetorik, dass bald der ›Wendepunkt erreicht‹ sei oder sie ›das Licht am Ende des Tunnels‹ fänden. Immerhin gab es ein poetisches Intermezzo. Die Anzeige von *Leach's Pies* aus der 163 Whitworth Road, Rochdale, sang förmlich:

Komm an die Teebar,
ohne viel Suchen,
kram in den Münzen,
und hol dir 'nen Kuchen.

Krazy Kuts, Asda und Kwik Save buhlten wie Tesco um die Gunst der Kunden, und im *Rochdale Observer* gab es schrille Anzeigen mit Mädchen in Hotpants und Spruchbändern mit Schlagzeilen wie ›Knüller‹, ›Niedrigstpreise‹ und ›Einmalige Gelegenheit‹.

Tesco ersetzte Rochdales ›Stars‹ schon bald durch eine lange, eindrucksvolle Liste von Partnern. Zu den Stargästen der *International Fortnight* gehörten Stuart Damon von *The Champions*; die *Coronation-Street*-Schauspielerinnen Barbara Mullaney* (Rita Fairclough), Betty Driver (Betty Turner) und William Roach (Ken Barlow); die Comedians Frank Carson und Ken Dodd sowie der *Dulux Dog*. Die größten Attraktionen waren jedoch ›die Stars von *Planet der Affen* höchstpersönlich‹, wobei die Eltern allerdings gewarnt wurden: ›Im Interesse der Sicherheit müssen Kinder in Begleitung ihrer Eltern sein, wenn die Affen im Laden losgelassen werden.‹ Dagegen war die Kampagne von Krazy Kuts äußerst mager. Sie hatte nicht mehr zu bieten als ›Sommer-Topangebote für 99 Pence‹.

Das Auftauchen von Tesco und den anderen war Gift für Ronnie, der den Lebensmittelladen an der Hauptstraße in unserer Nähe hatte. Er hatte fettiges, verfilztes Haar und sein Pullover sah so fleckig und schuppig aus, als hätte er den Inhalt einer Schneekugel darauf verschüttet. Ronnies große Liebe galt seinem Kombi, einem osteuropäischen Modell mit der Länge eines Eisenbahnwaggons. Wenn er ihn abstellte, ging er erst ein paar Meter weg, blieb dann stehen, drehte sich um und formte mit seinen Daumen und Mittelfingern ein Rechteck, als ob er ihn einrahmen wollte.

Ich jobbte als Zeitungsjunge im Laden nebenan und Ronnie kam normalerweise, wenn wir gerade die Zeitungen zusammenpackten. Er fuhr seinen Wagen auf den Gehweg und fing mit dem Ausladen an. Das einzige, was er jemals in seinen Laden reinzu-

---

* Die Schauspielerin wurde später unter ihrem Ehenamen Barbara Knox bekannter. Sie spielt immer noch in *Coronation Street* mit, aber ihre Figur hat ebenfalls einen neuen Namen, Rita Sullivan.

tragen schien, waren steigenweise Dosen mit Hundefutter, eingeschweißt in Plastikfolie. Aufgefallen war es uns allen, aber Fenny, ein anderer Zeitungsjunge, war der erste, der es ansprach:

»Du scheinst ja ziemlich viel Hundefutter zu verkaufen, Ronnie.«

»Das kommt daher, dass es hier verdammt viele Hunde gibt, du Klugscheißer!«

Von da an bellte Fenny immer, wenn er Ronnie sah.

»Verpiss dich!«

Eines Morgens kämpfte Ronnie gerade mit ein paar schweren Kisten, als ihm Fenny zum Eingang hinterherdackelte und ihm verriet, dass seine Mutter jetzt bei Tesco einkaufe.

»Und warum macht sie das?«, fragte er völlig baff.

»Sie sagt, es ist billiger und man bekommt alles in einem Aufwasch.«

»Pass auf, erinnere deine Mum daran, dass sie hier ein Augenzwinkern, ein Lächeln und einen freundlichen Empfang bekommt, nicht so wie in einem gottverdammten gesichtslosen Supermarkt. Persönlichen Service nennt man das, persönlichen Service. Sag ihr das mal!«

Er sah Fenny an, als erwartete er, dass der augenblicklich seine Papiertüte fallenließ und nach Hause rannte, um diese lebenswichtige Botschaft zu überbringen. Als Ronnie in den hinteren Teil des Ladens ging und das Licht anmachte, sagte Fenny zu mir:

»Worüber regt er sich eigentlich auf, der Kerl? Er lächelt niemals. Er ist einfach ein elender Bastard, genau das ist er.«

Auch meine Mum fing an, zu Tesco zu gehen. Sie machte sich jeden Freitag mit Dad auf den Weg, und der hasste normalerweise Einkaufen. Es war fast so, als ob sie etwas Besonderes unternehmen würden, eine Show ansehen oder abends ausgehen. Als sie das erste Mal zurückkamen, erzählten sie, wie warm und hell es dort war. Mädchen in witzigen Kostümen hatten ihnen auf Holztabletts Käseproben und internationale Speisen angeboten. Ich fragte, ob sie sich davon auch etwas genommen hätten. Dad verzog das Gesicht, als ob ich ihn etwas völlig Absurdes gefragt hätte;

zum Beispiel, ob es wahr sei, dass Mum früher eine Trapezartistin gewesen sei.

»Wirklich nicht. Von dem Zeug bekomm' ich Magenschmerzen. Deine Mum hat ein bisschen was probiert.«

Wenn Dad arbeiten musste, ging ich alleine zu den Spielen. Ich nahm einen Bus ins Stadtzentrum und stieg in einen der Shuttlebusse um, die beim Kriegerdenkmal warteten. Ich suchte mir einen Platz hinter dem Tor in der Sandy-Lane-Kurve, möglichst nah am Zaun. Normalerweise war ich schon eine Stunde vor dem Anpfiff da.

Wir spielten im FA Cup gegen die Tranmere Rovers. Es waren 2.221 Zuschauer da, mehr als doppelt so viele wie beim letzten Ligaspiel. Als sich die Ränge füllten, war die Stimmung anders als sonst. Die Leute standen enger zusammen, die Gespräche waren hastiger und lauter. Die älteren Jungs hinter der Sandy fingen schon um kurz nach 14 Uhr das Singen an:

»Wir alle hassen *Scouse* und *Scouse* und *Scouse*. Wir sind die *Scouser*...hasser.«

Das Licht wich schon kurz nach Anpfiff aus dem Himmel, und die Hausdächer und die Hügel im Hinterland versanken in der Dunkelheit. Die Welt bestand nur noch aus diesem Fleckchen Grün, auf dem der Ball hin- und hergedroschen wurde. Die Lautstärke schwoll augenblicklich an, als wir eine Ecke bekamen, und wich schlagartig erwartungsvoller Stille, als der Ball in den Torraum geschlagen wurde. Die Rufe und Flüche und Gesänge fesselten einen förmlich. Ich dachte: So muss es sich wohl anfühlen, betrunken zu sein.

Sprechchöre wurden angestimmt und immer lauter, je mehr darin einstimmten. Wer mochte diesen Lärm wohl dirigieren? Ein Gesicht wurde beim Entzünden eines Streichholzes kurz erhellt, Pudelmützen und Schals rahmten dieses Bild ein. Manches Lied versickerte im Nichts und der, der es angefangen hatte, wurde ausgebuht.

»Arrrrggh...«

Während sie ihn verhöhnten, wurde schon ein neuer Sprechchor angestimmt, laut und klar. Sie waren wieder vereint:

»Wir sind der Dale, wir sind der Dale, wir sind, wir sind, wir sind der Dale.«

Hinterher ergoss sich die Menge auf die Straßen, berauscht, aber nicht mehr als Gemeinschaft. Jeder war wieder für sich alleine, um den Bus zu nehmen oder heimzugehen. Das Spiel hatte unentschieden geendet. Tranmere gewann das Wiederholungsspiel. Dad erklärte mir später, dass ein *Scouser* ein Liverpooler war.

Ronnie war verloren: Death by Supermarket. Normalerweise ersetzte er seinen Wagen jeden August, wenn die neuen Nummernschilder kamen, durch einen neuen, aber in diesem Jahr behielt er ihn. Er hing hinten schon durch wegen der ganzen Dosen, die er transportiert hatte; der Auspuff schliff knapp über der Fahrbahn.

Nach und nach verkaufte er mehr Bier als Hundefutter und sein Laden wurde zu einer Art Apotheke, die Dosen an die Bedürftigen verteilte. Fenny bezeichnete das als ›Schlummertrunk‹. Er erzählte mir, dass sein Vater das, was ihn durch den Tag rettete, so nannte. Wie so viele Leute in der Stadt hatte er seinen alten Job verloren und wartete darauf, dass die ehemaligen Fabriken plattgemacht und durch neue Industriegebiete ersetzt wurden. In ein paar Jahren könnte er dann für *Marks und Spencer* oder eine der anderen Modeketten Mäntel und Pullover auf die Lastwagen aufladen, anstatt Baumwollballen zu schleppen.

Mitten in einem Team aus Malochern und Schlägertypen, von denen einer blasser und gespenstischer aussah als der andere, hatte Rochdale auch einen richtigen Spieler aus Fleisch und Blut, Haut und Knochen. Bob Mountford traf in seinem Debüt im Januar 1975 gleich zweimal und wurde im darauffolgenden Spiel nach einer Rangelei mit Chesters Torwart vom Platz gestellt. Er war groß und breitschultrig und hatte dichtes, lockiges Haar, ein

Weißer mit einem Afro: *Die Augen blau, fast einsneunzig und schwer, der große Bob Mountford ist hinter dir her.*

Seine Spezialität waren Tore im Anschluss an Ecken. Der Ball wurde in den Strafraum gelupft und Mountford raste rücksichtslos durch die Verteidiger hindurch, um ihn mit seiner Stirn in die Maschen zu wuchten. Während er unter einem Berg jubelnder Mitspieler versank, mussten sie ihren Rückweg an die Mittellinie durch die Trümmer von Mountfords fast schon kriminellen Angriff antreten – zerbrochene Schienbeinschoner, zerrissene Trikots, jammernde Verteidiger und Sänitäter, die Riechsalz herumreichten. Ein wahrlich mutiger Mann mit einem großen Herzen. Und üppigem Haar.

Es sprach sich rum. Die Torhüter hielten nach ihm Ausschau, wenn wir eine Ecke oder einen Freistoß in Strafraumnähe bekamen. Sie wussten genau, was sie erwartete, und konnten doch so wenig tun, um es zu verhindern.

»Schaut, wie er sich in die Hosen scheißt«, rief ein Fan, als man den gegnerischen Torwart nervös in Mountfords Richtung blikken sah.

Wir genossen seine Furcht und verspotteten ihn wegen seiner Ängstlichkeit. Es war Sport in seiner rohesten Form: Körper gegen Körper, ein Wettbewerb der Stärke und des Mutes, nur der eine gegen den anderen. Der Ball war nebensächlich, wie etwas, das nur hineingeworfen wurde, um den Kampf zu legitimieren. Wer zeigte die größte Leidenschaft? Wer war der Kühnste? Wir alle wussten um Mountfords unglaublichen Willen; schließlich sahen wir ihn Woche für Woche. Der Torwart kannte seinen Ruf und war sich bewusst, dass sein Kontrahent auch vor einer Faust oder einem Ellbogen zwischen sich und dem Ball nicht zurückschrecken würde. Selbst wenn der Ball weggefaustet wurde oder am Außennetz landete: Das Duell – das Match innerhalb des Matches – dauerte bis zum Schlusspfiff, außer einer der Hauptdarsteller musste vorzeitig verletzt vom Platz.

Bob Mountford: üppiges Haar, großes Herz.

Auf meiner morgendlichen Zeitungstour hielt ich mich meistens ein wenig bei der Brücke über dem Kanal auf und blickte übers Wasser. So früh am Morgen sah es irgendwie anders aus: so sumpfig mit den ganzen Holzstückchen, Reifen, Plastikflaschen, Einkaufswagen und Verkehrshütchen, die darauf trieben. In diesem trüben Zwielicht waren ein paar Spatzen oder Stare das einzige Lebenszeichen. Sie pickten in der irrigen Annahme, es handle sich um Brot, an ein paar Krümeln herum, die von den weggeworfenen Styroporplatten abgebrochen waren. Einmal hatten Vandalen sogar eine halbe Baustellenabsperrung hineingeworfen. Unter der Wasseroberfläche schaltete die Ampel in einem gespenstischen Farbspiel von Rot auf Gelb auf Grün um.

Meine Runde begann am Ashfield Valley, einer Siedlung aus dreistöckigen Wohngebäuden, die den Kanal säumten. Sie wirkten wie umgestülpt, und zwar mit deutlich sichtbaren Eingeweiden – abgebröckelte Ecken und Kanten, verbogenes Metall, grobsteiniger Beton. Es war wie ein Sammelbecken für Verlierer aus allen Ecken der Stadt, die sich hier auf die Wohnungen und die Treppenabsätze verteilten: Arbeitslose, Kranke, Alleinerziehende, Durchreisende, Junkies, Stadtstreicher, Säufer, Diebe, hoffnungslose Pechvögel. Die Mieter mussten lügen und vorgeben, woanders zu wohnen, um das Stigma von Ashfield Valley zu vermeiden; sie bekamen sonst in den Läden keinen Kredit.

Hier schien es immer gefährlich zu sein, sogar schon am frühen Morgen. In den Aufzügen stank es so stark nach Pisse, dass ich lieber die Treppen benutzte. Die Mauern waren mit Graffiti übersät, in manchen ging es um Lehrer aus meiner Schule. Im Treppenhaus fanden sich zwischen den Stockwerken Peniszeichnungen und Sprüche: Julie ist eine Schlampe, Paul ist ein Vollidiot.

Aus jedem einzelnen Block schallte laute Musik aus offenen Fenstern mit abgerissenen Vorhängen. Fast wöchentlich rastete jemand aus. Meistens war es der stille Typ, den man immer mit grimmigem Blick unter seiner Kapuze vom Einkaufen heimlatschen sah. In seinem Gang lag eine verräterische Entschlossenheit. Die offenen Treppenhäuser glichen einer Art Metallkäfig, sodass man sehen konnte, wie er die Treppen hochlief oder im Aufzug verschwand, oben wieder auftauchte und gebeugten Hauptes zu seiner Wohnungstür ging. Oftmals brannten Wohnungen aus; über dem Fenster blieb dann ein Brandfleck zurück, dessen Farbe von Schwarz in wässriges Orange überging. Irgendwann hatte ihn dann die Polizei mitgenommen. In ein paar Stunden würde die Tür aufgebrochen und seine Stereoanlage geklaut werden.

Die fröhliche Mrs. Vera Hill, erste Mieterin von Ashfield Valley.

2

Die Stille, die Angst

Spotland verfiel um uns herum. Es sah alt aus; aber nicht nach dem schönen sepiafarbenen Alt nostalgischer Fotografien, sondern nach einem feuchten, trüben, gottverlassenen Alt. Die Tribünen, Hütten, Trainerbänke und Nebengebäude kamen einem wie verfaulte Zähne vor, die sich nur noch mühsam aufrecht halten konnten und schon dem Verfall geweiht waren. Die weiße Farbe war längst einem fleckigen Grau gewichen oder abgeblättert wie schuppige Haut. Die Feuchtigkeit hatte das Holz ausgebleicht und es zerbröselte förmlich unter deinen Händen. Der Regen tröpfelte durchs Dach.

Zu deinen Füßen quetschten sich verbeulte Plastikbecher an die Zäune und Stützmauern, eingekeilt zwischen Chipstüten und Pommesschalen. Die Betonplatten der Tribünen waren krumm und zerbrochen. Die kleinen schiefen Zuschauerblöcke und ihre Einrichtung erinnerten an die letzten Überbleibsel eines Räumungsverkaufs. Jedes Angebot willkommen, Hauptsache weg damit.

In einer Ecke war ein erhöhter Teil des Platzes unbebaut geblieben; Absperrgitter steckten dort in der Erde und in den ungemähten Grasbüscheln. Zu Beginn der Saison, kurz nach den Sommerferien, fanden sich auf ›dem Hügel‹ Fans zum Zuschauen ein, manchmal war es sogar trocken genug, um darauf zu sitzen. Aber meistens war es eher ein windgepeitschtes, matschiges Sperrgebiet, sodass wir lieber Slalom um die Pfützen liefen und uns auf der Tribüne zusamenkauerten.

Gelegentlich gab es einen Hauch von Ruhm – den einmaligen Aufstieg und das Erreichen des Ligapokalfinales 1962 etwa –, aber grundsätzlich führte man einen zähen Überlebenskampf, fristete eine zermürbende Existenz von Tag zu Tag, von Spiel zu

Spiel. Auf dem Platz boten die Spieler nur wenig, außer einem soliden Bemühen und dem flüchtigen Aufblitzen von Können. Die Stammzuschauer nörgelten oft, dass sie selbst im Park bessere Spieler sehen könnten. Das tun sie auch heute noch.

Ich wollte gerade in einem der Wohnblocks die Treppen hochlaufen, als ich ein Geräusch im Müllhäuschen hörte. Ich drückte die Metalltür auf und vernahm ein leises Seufzen. Ich hielt es für einen Hund oder eine Katze, also klapperte ich mit der Klinke, um das Tier zu verscheuchen.

Dann hörte ich eine Stimme.

»Hallo«, sagte ich.

Ein Lichtstrahl erschien an der Mauer. Ich verfolgte ihn zurück bis zu einer Taschenlampe. Ein Junge ungefähr meines Alters saß auf einer Holzpalette, einen Mantel über den Großteil seines Körpers gebreitet, eine gefüllte Plastiktüte als Kissen hinter sich. Er blinzelte, rieb sich die Augen und leuchtete mir mit der Taschenlampe ins Gesicht. Ich hielt meine Hand vor die Augen, um sie vor dem Lichtstrahl zu schützen, und fragte ihn, was er hier tat.

»Ich hab' mich hier nur für die Nacht aufs Ohr gehauen. Wie spät ist es?«

»Kurz nach sieben.«

Er hatte dürre weiße Arme und lange verfilzte Haare. Der Raum stank nach vergammeltem Gemüse. Ich fragte ihn, wie er den Gestank ertrug.

»Man gewöhnt sich dran.«

Er gähnte und zog an seinen Fingern. Die Knöchel knackten.

»Was machst du hier?«, fragte ich.

»Mums Freund hat mich gestern Abend rausgeschmissen. Ich hab' mir nur ein bisschen Zeug geschnappt und bin abgehauen.«

»Hast du die ganze Nacht hier geschlafen?«

»Ich habs versucht, aber es ist saukalt.«

Ich ging in die Hocke, sodass die Zeitungstasche den Boden berührte. Er sagte, er sei hungrig. Ich kramte in meiner Tasche und gab ihm die Überreste eines Schokoriegels. Ich erzählte ihm, dass ich jeden Morgen an dem Wohnblock vorbeikam und ihm mehr zu essen mitbringen könnte, wenn er wollte.

»Super«, sagte er. »Ich bleibe ein bisschen hier, bis sich die Lage wieder beruhigt hat.«

Am nächsten Tag schob ich ein Schinkenbrötchen und eine kleine Milchtüte in meine Manteltasche. Das Brötchen war noch von Dads Abendessen übrig geblieben. Ich klopfte leise an die Tür des Müllhäuschens, aber keiner antwortete. Die Palette war noch da, aber der Junge war weg.

Zu den normalen Ligaspielen versammelten sich immer die gleichen paar hundert Leute an ihren üblichen Treffpunkten – die einen ein paar Meter links vom Kuchenstand in der Ecke der Sandy-Lane-Kurve, die anderen hinter dem Tor oder auch unter der Willbutts-Lane-Tribüne, am ›Kritzelstand‹.

Es war nicht dasselbe, wie bei einem ›großen‹ Spiel dabeizusein, wo es laut war, wo es Leidenschaft gab, wo es dieses magische Gefühl der eigenen Bedeutungslosigkeit, des Aufgehens in der Menge gab. Wenn die Fans auf dem Kippax in der Maine Road oder im Stretford End im Old Trafford* brüllten, konntest du deine Winzigkeit fühlen. Die Vielzahl der Stimmen wurde zu einer einzigen und erzeugte einen beständig anschwellenden Klang, der für ein paar Sekunden ein prachtvolles Eigenleben führte.

In Rochdale war die Atmosphäre eher versprengt. Wenn sich fünf oder sechs zusammenrotteten, Arbeitskollegen aus der gleichen Fabrik oder Kumpels aus dem Pub etwa, dann kam so etwas wie Kameradschaft auf: ein bisschen lachen, ein bisschen quatschen, gemeinsam pinkeln gehen, ein paar Rufe in Richtung der Spieler. Wir versuchten, in der Sandy-Lane-Kurve eine Atmosphäre wie bei einem großen Match zu erzeugen, indem wir uns rem-

---

* Mein Dad und mein Opa hatten mich in beide Stadien mitgenommen, bevor wir nach Rochdale umgezogen waren.

pelnd und singend aneinanderpressten. Normalerweise waren die Lieder und Gesänge leise und halbherzig, wenn aber ein Tor fiel, unterstützten uns die anderen Fans und brachten immerhin ein dezentes Brüllen zustande. Sogar die älteren Fans sangen, und die Spieler reagierten darauf. Sie schauten herüber, fast als ob sie überrascht wären, uns hier zu sehen. Dann ballten sie ihre Fäuste oder reckten einen Finger zum Gruß in die Höhe.

Manchmal, beispielsweise nach ein paar Überraschungssiegen oder einem Pokalmatch, kamen sogar die Gelegenheitsfans zurück. Wenn das Stadion voller war, versprühte es einen rauhen Charme und so etwas wie Wärme. Die zusätzlichen Gesichter und Körper wirkten wie Mörtel zwischen losen Ziegelsteinen.

An den meisten Abenden trank Dad etwas in einem Pub auf der Hauptstraße. Als Familie gingen wir dort nur einmal hinein, als eines Sonntagnachmittags ein Benefizkonzert zugunsten eines Jungen stattfand, der sich im Bad verbrüht hatte. Ihm und seiner Familie sollte ein Aufenthalt in Blackpool ermöglicht werden. Er hieß Bobby, aber er war nur als der ›junge Bobby‹ bekannt, da er – wie so viele in Rochdale – den gleichen Vornamen wie sein Vater trug.

Fast jeder im Pub schien zu rauchen, geascht wurde in kirschfarbene Metallaschenbecher. Mum rauchte Players No.6 – ich holte ihr immer welche, wenn ich nach draußen ging. Sie wedelte die Rauchschwaden von ihrem Gesicht weg und schob sie mit dem Handrücken vom resopalbeschichteten Pubtisch.

In einer gegenüberliegenden Ecke befand sich unter einer schwarzen Plastikhülle eine elektrische Orgel. Dad erzählte uns, dass wahrscheinlich der alte Harold darauf spielen würde, bevor die eigentliche Show begann. Pflichtbewusst erhob sich Harold von seinem Platz und begab sich auf den Weg zur Orgel. Er war wacklig auf den Beinen und es sah aus, als könne er jeden Moment umkippen, bevor er den Hocker erreichte. Aber kaum hatte er seine Hände auf den Tasten, lebte er auf. Er tippte die Tasten an und drückte stolz seine Schultern zurück, als er flüssig summende Melodien von sich gab. Ein paar Minuten später begleitete ihn Tom, sein Kumpel. »One, two«, testete Tom das Mikrofon und schmachtete dann zuerst hinein, dass er sein ›Heart in San Francisco‹ verloren hatte und dann, dass er ›a part of it, New York, New York‹ sein wolle.

»Die richtigen Künstler müssen nun jede Minute kommen, Ladies and Gentlemen.«

Mir war von Anfang an bewusst, dass das Fußballstadion ein Ort war, an dem jeder mehr oder weniger für sich allein war. Mit großen Augen beobachtete ich das Spiel ebenso wie die Leute um mich herum. In nur wenigen Stunden konnte man hier genug für ein ganzes Leben sehen. Man passte auf, was in seinem Rücken geschah, sah nach, wo die Ausgänge waren und versicherte sich, dass man sich unter genügend Gleichgesinnten befand, um notfalls einen Angriff abwehren zu können. Ansonsten kamen die Stiefeljungs, um dich zu schnappen.

›Wärter‹ in braunen Mänteln überwachten das Öffnen und Schließen der Tore um das Stadion herum. Hauptsächlich handelte es sich um alte Typen, die wahrscheinlich freien Eintritt und etwas Gebäck in der Halbzeit als Bezahlung bekamen. Die Anhänger der Gastmannschaft wurden Richtung Pearl-Street-Kurve dirigiert, aber es gab keinen Zaun oder eine Mauer, die sie dort halten konnte. Die Polizei bildete eine grobe Absperrung, die aber leicht durchbrochen werden konnte, sodass sich die Heim- und die Gästefans permanent in denselben Teilen des Stadions befanden.

Die Rochdale-Fans wanderten in der Halbzeit auf die andere Seite, um hinter dem Tor zu stehen, auf das der Club nun spielte. Die ganze Masse setzte sich in Bewegung und die Auswärtsfans wurden zum Platztausch in die andere Richtung um das Spielfeld herum gedrängt. Die ganze Prozedur basierte auf Vertrauen –, dass die Gästefans nicht auf ihrem ursprünglichen Platz herumtrödeln oder gar kehrtmachen würden, und dass die Rochdale-Fans nicht in ihrer Kurve auf der Lauer lagen, um einen Überraschungsangriff zu starten. Manchmal trieb die Polizei irrtümlicherweise gegnerische Fanblöcke aufeinander zu oder bildete eine Absperrung über einen Fußweg hinweg und trennte dabei eine Handvoll Leute von ihrer Hauptgruppe ab und ließ sie wie Gestrandete als leichte Beute zurück.

Dad kannte die Leute, die um die Bar herumstanden.

»Da wird's bald hoch hergehen«, sagte er.

Er hatte recht. Ein paar Stunden später erschien alles doppelt so groß und doppelt so laut wie zuvor. Der Raum war plötzlich voller Schreihälse, Zahnlücken, Stirnfalten und Bierbäuchen, dürren Frauen in kurzen Röckchen, verrückten Jungs, die ihre Chipstüten zerplatzen ließen, schlitzohrigen Typen am Zigarettenautomaten. Wohin man auch blickte, sah man offene Münder, lachend, redend, schreiend.

Ein paar übertrieben es bereits, schrien sich gegenseitig an und warfen Tische um. Meine Schwester und ich lachten, als ihre Schläge ihr Ziel verfehlten und sie wie in einem unsichtbaren Ballon herumtorkelten. Ein Pärchen schloss vorübergehend einen Waffenstillstand, hielt sich aneinander fest und schlurfte um die Tische. Als sie gingen, nickten sie zum Abschied jedermann zu und schafften es nur mit Mühe und Not, die Tür zu öffnen.

Bert, noch so ein Typ, den Dad kannte, saß gedankenverloren auf einem Hocker an der Bar. Dad sagte, er sei ganz nett, gelegentlich aber auch ein ›lästiger alter Mistkerl‹. Sein Haar war fett mit Pomade eingeschmiert und quer über den Schädel gekämmt, um die Glatze zu kaschieren. Laut Dad wusste jeder, dass er kahl wie ein Dachs war, aber er müsse schließlich selbst wissen, ob er sich unbedingt lächerlich machen wollte. Bert stotterte. Er war schon an unseren Tisch herübergekommen und hatte zu Mum gesagt, dass er diese v-v-verdammten Konzerte nicht mochte, den ganzen Lärm und wenn sich die Leute wie blöde A-A-Arschlöcher aufführten.

Bei manchen Spielen kam es zu einem leichten, kaum merklichen Geschiebe in Richtung unserer Kurve, wenn sich immer mehr Grüppchen der Gästeanhänger bildeten. In ihren fremden Gesichtern trugen sie eine gewisse Gerissenheit und Wagemut zur Schau, die aufgesetzte Souveränität von Männern, die eine Mission zu erfüllen haben. Bei genauerem Hinsehen konnte man ihr Vereinsabzeichen oder einen ungeschickt in die Jackentasche gestopften Schal erkennen.

Die Luft wurde kalt. Wir bemerkten die Stille, die Angst. Man konnte das Knirschen der Asche unter den Füßen und seinen eigenen Herzschlag hören. Das Spiel selbst war wie weggezaubert. Die Spieler grätschten und rannten noch, aber sie kamen einem vor wie jenseits einer Glasscheibe, wie unerreichbar. Das Ergebnis war egal: 3:0-Sieg, 3:0-Niederlage, wen kümmerte es?

Die älteren Jungs lebten an den Samstagen auf. In der Schule nahm man sie kaum wahr, aber wenn sie durch die Sandy marschierten, um ihre Plätze einzunehmen, waren sie die Könige der Welt. Im Bus auf dem Heimweg in die Stadt konnte man sie belauschen. Sie sagten, sie seien in der Vorwoche im Bus nach Hartlepool oder Doncaster gewesen. Sie hätten an der Busstation ›Up the Dale‹ gesungen; hätten in einem Pub in Stadionnähe Geld aus dem Zigarettenautomaten geklaut; wären besoffen gewesen, hingefallen und hätten einem Bullen auf die Schuhe gekotzt; hätten Passanten eingeschüchtert; den Leuten in den vorbeifahrenden Autos ihren Hintern gezeigt; in Eimer gepisst und einander damit beworfen. Ihre Geschichten warfen im Laufe der Woche immer längere Schatten.

Alan, ein Mechaniker, der ein paar Straßen weiter wohnte, stand hinter Bert an der Bar. Sein Hemd war bis zum dritten Knopf offen und klebte mit safrangelben Schweißflecken an seinem Körper. Die Ärmel waren hochgekrempelt. Auf den Armen hatte er Tattoos von nackten Frauen, Ankern, Spielkarten und der roten Rose von Lancashire. Er lehnte sich herüber und ließ seine Hand auf Berts Werk fallen, seine akribisch gelegten Haare.

»Was ist das, Bert? Gebraten, getrocknet und auf die Seite geklatscht?«

Die Männer und Frauen an Alans Tisch schüttelten sich vor Lachen. Eine übergewichtige Frau mit tief ausgeschnittenem Kleid kreischte am lautesten.

»Hör auf, verstanden?«, sagte Bert, während er sein Haar wieder in Ordnung brachte.

»Ach komm, ich hab doch nur Spaß gemacht«, verteidigte sich Alan.

»Es gibt Dinge, über die macht man keinen Spaß.«

»Sei doch nicht so verdammt griesgrämig!«

Alan zog die Oberlippe hoch, um eine Reihe schiefer Zähne zu entblößen. Er ging in Positur, als ob er die Muskeln in seinen Schultern und Unterarmen anspannte. Bert war zwanzig Jahre älter als Alan und halb so groß. Er tat, als lächle er, schluckte und schob seine Brille die Nase hoch. Er wollte keinen Ärger, nur in Ruhe etwas trinken, rauchen, mit seinen Kumpels an der Bar quatschen und dann heim zum Abendessen gehen. Trotzdem ging er jetzt noch nicht.

»Ich trink nur noch ein halbes, S-S-Süße«, sagte er zur Bardame.

Alan ging mit einem Pint in jeder Hand an seinen Tisch zurück und starrte immer noch zu Bert hinüber. Die fette Frau runzelte die Stirn.

»Jetzt hast du ihn ganz schön fertig gemacht, du fieses Arschloch«, sagte sie. »Geh und gib ihm zur Wiedergutmachung einen Kuss auf seine alte Glatze.«

»Nee, fick du ihn doch in den Arsch, wenn er den Beleidigten spielen will.«

Sie sah zu Bert hinüber.

»Ey!«

Er tat, als ob er es nicht hörte.

»Lass es einfach bleiben, Schätzchen«, sagte Alan. »Er ist keinen Pfurz wert.«

Sie paffte ihre Zigarette und blickte mürrisch drein.

»Wahrscheinlich hast du recht.«

Sie blickte auf ihren Drink hinunter, dann wieder hoch Richtung Bar. Sie war noch nicht fertig.

»Alter Wichser!«

Die Wirtin hörte es und lehnte sich herüber:

»Hey, das braucht's doch nicht.«

»Sag das lieber ihm«, deutete die andere auf Bert.

Bert nahm einen letzten Schluck aus seinem Glas und kletterte vom Hocker, um abzuhauen.

Ein-, zweimal pro Saison war die Atmosphäre kaum zu ertragen, schrecklich. Man konnte die Gefahr förmlich spüren, man bekam sie sogar schon auf dem Weg ins Stadion mit. Die Sprechchöre und Drohungen von der anderen Seite des Spielfelds klangen ziemlich glaubwürdig. Die gegnerischen Fans standen am Zaun. Die Stimmen waren gereizt. In den Gefechten mit der Polizei konnte man ihre hektischen Bewegungen erkennen. Sie waren nicht gekommen, um harmlos Fangen zu spielen. Das waren keine von denen, die dich nur halbherzig niedertraten, wenn du hingefallen warst. Die hätten auch Kinder und alte Männer verprügelt. Also war es besser, die Fresse zu halten. Irgendwohin abzuhauen, notfalls aufs Spielfeld.

Im Hooliganismus gab es eine seltsam förmliche Etikette. Zunächst mussten die Fremdlinge genug Mut aufbringen, ihre Ankunft anzukündigen. Zum Beispiel, indem sich von der Rückseite der Sandy aus ein tiefer, lang anhaltender Grabgesang der *Shaymen* ausbreitete. Die Rochdale-Fans, die die Eindringlinge zwar bereits mitbekommen, sie aber noch nicht »begrüßt« hatten, bogen ab und standen der Gang der Halifaxfans gegenüber. Bevor sie angegriffen wurden, wurden diese gegnerischen Fans »angesungen« – eigentlich wurde ihnen damit gesagt, dass sie gleich überfallen werden würden. Das war die grobe Art Höflichkeit, die ihnen Zeit geben sollte, sich zurückzuziehen. Sie waren bereits im fremden Revier herumgestreunt, hatten damit ihren Mut bewiesen und hätten nun mit einer gewissen Würde verschwinden können. »Wir treten euch die verdammten Schädel ein«, war die Vorstufe, mit der die Halifaxfans niedergeschrien wurden, normalerweise gefolgt von etwas wie: »Ihr fahrt in einem Rochdaler Krankenwagen heim.«

Die letzte Warnung war der kämpferische, rhythmische Sprechgesang »Keiner nimmt die Sandy ein«. Anschließend kam es dann aber unweigerlich zum Kräftemessen. Panik brach aus, es wurde geschrien, die Leute stürzten übereinander, um wegzukommen, aber schließlich war der Kampf auch schon wieder vorbei, bevor er richtig begonnen hatte, die kleinere Gruppe gab der größeren nach. Während der Schlägerei war der Ton im Stadion deutlich verändert. Die, die nicht in die ›Aggro‹ verwickelt waren, wurden still, sodass die Interaktion zwischen den Tribünen und dem, was auf dem Spielfeld geschah, völlig zum Erliegen kam. Im tiefsten Herzen dieser unruhigen Stille konnte man ein Ächzen und Stöhnen und das dumpfe Aufschlagen von Körpern auf dem Boden vernehmen.

Wenn die Gästeanhänger den Angriff abwehren konnten, wurden sie von der Polizei aus der Heimkurve abgeführt. Eine Reihe erregter Jugendlicher – manche in Doc Martens, hautengen weißen Hosen und Bomberjacken, andere in Schlaghosen und Parkas – entwischte über die Spielfeldseite zur Pearl-Street-Kurve, wo der Hauptteil der Gästefans stand. Sie wandten sich den Heimfans zu und schleuderten ihnen unter Gebrüll das Victory-Zeichen entgegen. Die älteren Rochdale-Anhänger buhten sie beim Vorbeigehen aus:

»Verdammte Idioten. Wir wollen Fußball sehen, nicht euch Pack. Verpisst euch.«

Die Alten verurteilten den Hooliganismus zwar, wollten aber natürlich auch nicht, dass die Rochdale-Fans gewaltsam aus ihrem eigenen Revier vertrieben wurden. Sie erkannten die Heiligkeit der Sandy als geografisches Epizentrum der Liebe zum Verein an. Es war ein Grundrecht, dort zu stehen, wo man wollte und wo man schon immer gestanden hatte. Vielleicht hatte hier schon der Vater gestanden und davor schon der Großvater, da war es einfach nicht in Ordnung, wenn der Platz von einem spottenden, skandierenden Mob aus einer anderen Stadt besetzt wurde. Sie begehrten genau dieses winzige, scheinbar bedeutungslose Stückchen Erde nur deshalb, weil sie ganz genau wussten, dass es eine extrem persönliche Geschichte in sich trug.

Rochdale verlor zehn seiner elf letzten Auswärtsspiele und brauchte im letzten Heimspiel 1974/75 gegen Swansea City einen Sieg, um der Relegation zu entgehen.

Das Relegationssystem wurde oft ›die Falltür‹ genannt. Jede Saison wurden die vier letzten Clubs der Vierten Liga vorübergehend von der Liga suspendiert. Die Vorstände der anderen achtundachtzig Ligaclubs beschlossen dann, ob sie in die Liga zurückkehren oder durch die landesbesten *Non-League*-Clubs ersetzt werden sollten. In der Praxis war die Liga aber so etwas wie eine geschlossene Gesellschaft, aus der nur sehr wenige Clubs raus mussten. Dazu musste einer schon mehrere Saisons lang so schlecht spielen, dass der Druck auf den Rest der Liga so groß wurde, sodass seine Ligazugehörigkeit nicht mehr länger aufrechtzuerhalten war. Aber selbst dann verbot es sich eigentlich immer noch, denn ein Verlust der Ligazugehörigkeit konnte speziell bei einem kleinen Club wie Rochdale das komplette Aus bedeuten.

Wenn die Gefechte aus dem Ruder liefen und Fans in die Enge getrieben oder von ihren Kumpels isoliert wurden, konnte das entsetzliche Folgen haben. Die Horde konnte sie zu Boden schlagen und ›den Stiefel reinhalten‹. Die Jungs stellten sich in einer Reihe auf und traten auf einen Körper ein, der bewegungsunfähig an eine Wand oder einen Zaun eingekeilt wurde. Zwischen den Füßen konnte man ein Kleidungsstück oder ein durch den Angriff entblößtes Stück Fleisch aufblitzen sehen. Die älteren Anhänger flehten um Gnade für diese gestürzten Jungs. Die Angreifer wurden beiseite geschoben, von der Meute vertrieben. Aber wenn sie dann endgültig von der herbeieilenden Polizei verscheucht wurden, waren sie in Siegerlaune, lachten und umarmten sich gegenseitig. Der Typ, der zuvor versucht hatte, sie aufzuhalten, kniete sich nun nieder, hob den Kopf des Jungen an, wiegte ihn in seinen Armen und schrie ihnen hinterher:

»Himmelhergottnochmal, es ist nur ein Fußballspiel, ein gottverdammtes Fußballspiel!«

Swansea benötigte am letzten Spieltag ebenso einen Sieg, da sie im Moment mit einem Punkt Rückstand auf Rochdale auf einem Abstiegsplatz lagen. Sie kamen zu Hunderten zum Spiel und die Sandy-Lane-Kurve war ein ständiger Unruheherd mit Beschimpfungen und Gegenbeschimpfungen. Viele der Swanseafans trugen einen Kittel. Quer über die Schultern lief eine Aufschrift ›Swan's Boot‹, darunter befand sich ein Paar sorgfältig gemalter Doc Martens. Ich stand mit meinem Vater nahe beim Kuchenstand; dieser Bereich schien immer besser von der Polizei bewacht zu werden, wahrscheinlich zur Abschreckung, falls jemand die Einnahmen klauen oder, schlimmer noch, ihn abfackeln wollte.*

Rochdale gewann 1:0. Bob Mountford traf. Wir gingen schon vor dem Schlusspfiff und konnten das Geschrei und zersplitterndes Glas hinter uns hören.

---

* Das ist gar nicht so abwegig, wie es sich anhört. Vor der Feuerkatastrophe in Bradford war es gang und gäbe, dass die Fans ihre Feuerzeuge auch mutwillig einsetzten. In Rochdale wehte mehrere Saisons lang in der Pearl-Street-Kurve eine Flagge mit der Aufschrift ›RAFC‹, dem Akronym des Rochdale Association Football Clubs. Während eines Spiels holten die Gästefans, ich glaube aus Blackburn, sie herunter und verbrannten sie feierlich. Sie wurde niemals ersetzt, aber das hielt die Rochdale-Fans nicht davon ab, auch weiterhin ihre farbangepasste Version der kommunistischen Hymne Die rote Fahne zu singen.

3

Überall, und doch nirgendwo zu sehen

Meine Schule war hoffnungslos. Keiner tat irgendetwas. Und wenn doch, dann galt er als ›Schleimer‹ oder als ›Homo‹. Sogar die Mädchen. Während die Lehrer gegen die Schüler ankämpften oder zum Fenster hinausstarrten und sich fragten, wie sie in dieser fertigen Schule in dieser Irrenhaussiedlung hatten enden können, hatte ich genügend Zeit, um vom Rochale AFC tagzuträumen.

Ich stellte mir vor, wie sie im Regen trainieren, draußen am Rand der Innenstadt, nahe des Gasometers, der aussah wie eine überdimensionale Geburtstagstorte aus der Tiefkühltruhe. Ich sah sie vor mir, wie sie um die Kegel Slalom laufen, wie sie rückwärts und vorwärts über das tiefe Geläuf trippeln. Sie tragen blaue Baumwolltrainingsanzüge, die Hosen stecken in schlammbesprenkelten weißen Socken. Walter Joyce, der Teamchef, brüllt seine Anweisungen, die Kapuze seines Anoraks über den Kopf gezogen, mit den Fingern an den Bändchen spielend. Er feuert die Spieler an, sammelt die zu hoch und zu weit geschossenen Bälle wieder ein.

Nach dem Training klettern sie in den Minibus und fahren zurück zum Spotland. Sie ziehen die Handtücher aus ihren Sporttaschen und rubbeln sich die Haare trocken. Die Fensterscheiben beschlagen und sie wischen mit den Armbündchen Bullaugen frei. Zurück am Stadion springen sie aus dem Bus wie hopsende Pudel. Sie duschen, ziehen sich karierte Sportjacken an und fahren in ihren Ford Capris und Vauxhall Vivas heim.

Ich stellte sie mir auch an den Spieltagen vor, wie das Geklapper ihrer Stollen um die Umkleidekabine herum nachhallt. Walter Joyce spricht zu seinen Spielern, die auf den Bänken unter den metallenen Garderobenhaken sitzen. Manche starren ernst zu Boden, andere zappeln herum. Auf den Fliesen liegen getrocknete Schlamm- und Grasbrocken herum. Sie fixieren ihre Schienbeinschoner, wickeln die Schuhbänder um ihre Fußballschuhe und schmieren ihre Beine mit Öl ein. Auf der anderen Seite der Kabine springt mit durchdringendem blechernem Klang ein Ball auf. Die Spieler bekommen ihre Anweisungen. Sie täuschen Aufmerksamkeit vor, aber draußen, inmitten all der Knie und Ellbogen, Stiefel und Muskeln, kommt es letztlich nur noch auf ihren Instinkt an. Beim Hinauslaufen steht Joyce an der Tür und gibt jedem einen Klaps auf den Hinterkopf:

»Viel Glück, mein Sohn.«

Unter leichtem, etwas widerwilligem Applaus laufen die Spieler aufs Feld. Die Luft raubt ihnen den Atem, prallt auf ihre Haut. Die Umkleidekabine ist jetzt bis auf Joyce und Frank Campbell, den Trainern, leer. Mit großer Feierlichkeit schütteln sie sich fest die Hände. Sie fühlen sich wie ausgewrungen, aller Emotionen entleert. Sie werfen einen letzten Blick auf die an den Haken hängenden Straßenklamotten der Spieler und schließen dann leise die Tür hinter sich.

Als ich die Eingangstür öffnete, wusste ich sofort, dass etwas Außergewöhnliches passiert sein musste. Die Fletchers, Steven und Philip, sahen zum allerersten Mal überhaupt wie Brüder aus. Sie standen ganz eng beieinander, fast, als hätten sie die Arme umeinander geschlungen.

»Hast du etwas von Lesley gehört?«, fragte Steven.

Ich kannte keine Lesley. Sie sprachen abwechselnd, der eine nickte, während der andere sprach.

»Das ist das kleine Mädchen. Sie können sie nicht finden. Sie wollen, dass alle Leute beim Suchen helfen.«

»Ich frag' meine Mum, ob ich raus darf.«

Sie hatte gerade das Mittagessen auf den Tisch gestellt. Ich sagte, ich käme später nach.

Lesley Molseed wohnte in einer Siedlung etwa eineinhalb Kilometer von unserem Haus entfernt. Als die Nachricht von ihrem Verschwinden die Runde machte, unterbrachen die Leute ihre

Autowäsche und stellten ihr Sonntagsessen auf die Warmhalteplatte. Sie versammelten sich an Straßenecken, bildeten Suchtrupps und folgten Lesleys Route zu dem Laden, in dem sie ihrer Mutter etwas besorgen sollte. Die Kinder durchkämmten das unbebaute Hinterland in dem Glauben auf bessere Chancen, sie zu finden, weil sie eine von ihnen war. Sie kannten die Abkürzungen, die Verstecke, die morschen Holzgaragen, die Teiche und Hinterhöfe der Fabriken, die wild abgestellten Autos, die Baumschaukeln, die versteckten, abbrennbereiten Scheiterhaufen. Sie waren sich sicher, sie würden sie irgendwo im hohen Gras finden, kniend, eine Puppe wiegend, schluchzend. Es war ein Abenteuer: *Christopher Robin [aus Pu der Bär]* war in die Stadt gekommen und sie bereiteten improvisierte Tische und Kuchen für die Party zu Ehren des Helden vor.

Tesco ließ den Rochdale AFC fallen. Die Benzingutscheine, die Autoaufkleber und das Gerangel um die Autogramme hatten ein jähes Ende.

»Wir hatten nicht einen einzigen Anruf zu unserem Engagement beim Rochdale FC«, jammerte der Geschäftsführer gegenüber dem *Rochdale Observer.*

Der Höhepunkt meiner ersten kompletten Saison als Fan, 1975/76, war ein aufsehenerregender Sieg gegen die Tranmere Rovers, den damaligen Tabellenführer. Rochdale führte zur Halbzeit mit 3:0 und bot laut *Rochdale Observer* ein ›Festmahl der Fußballkünste‹. Das Spiel endete 4:1. Ich verpasste das Spiel. Ich lag krank auf der Couch und zitterte unter einem Berg Decken.

Der einzige Lehrer, der überhaupt jemals Engagement zeigte, war Mr. Day, und das auch nur zu bestimmten Zeiten. Er war unser Physiklehrer und hatte die Aufsicht über *den* Videorekorder der Schule. Alle paar Wochen rollte er den riesigen Apparat herein und bat uns um ehrfürchtiges Schweigen, während er ihn vor der Klasse aufbaute. Von Rechts wegen, sagte er (und das wieder und immer wieder), dürften wir den Raum gar nicht mit dieser mechanischen Gottheit teilen; das war normalerweise ausschließlich in Eliteschulen erlaubt. Am Ende der Stunde bat er uns immer, noch etwas sitzen zu bleiben, damit er ihn schnell verschwinden lassen konnte, ohne dass wir seinen Aufbewahrungsort mitbekämen. Er hatte Angst, wir könnten diese wichtige Information an unsere älteren Brüder oder Freunde weitergeben, die nur scharf darauf wären, sich das Ding unter den Nagel zu reißen.

Er hatte nur zwei Videos – eines, das Pflanzenwachstum im Zeitraffer zeigte, und das andere über anatomische Kuriositäten, viele davon in gruseligem, unscharfem Schwarzweiß gefilmt. Ihm selbst hatte es dieser Film ziemlich angetan und so wurde daraus immer eine ›Belohnung‹, wenn wir zum Beispiel unsere Hausaufgaben rechtzeitig fertig hatten oder leise in das Klassenzimmer gekommen waren: Jede Ausrede war ihm recht.

»Sollen wir die Freaks anschauen?«, flötete er.

»Klar.«

An die Fenster wurden zusammengeklappte Pappkartons gesteckt, um das Sonnenlicht abzuhalten, und Mr. Day drückte vergnügt die riesigen Knöpfe an der Vorderseite des Rekorders. Der Film begann mit zitterndem Ton und zerkratztem Bild. Wir sahen Babys mit Ganzkörperbehaarung, zusammengewachsene Körper, Männer mit Schwänzen am Ende ihrer Wirbelsäule und bärtige Damen. Der Star war ein Pianist mit elf Fingern. Ohne erkennbare Freude spielte er auf dem Klavier, als ob es sein eigener Trauermarsch wäre.

Zwei Tage nach dem Spiel gegen Tranmere keuchte und hustete ich immer noch und hatte eine Gesichtsfarbe wie Hühnerbrühe. Rochdale hatte noch ein Heimspiel; sie spielten oft gleich wieder an dem auf den Samstag folgenden Montag. Inzwischen war die Wallfahrt zum Spotland für meinen Vater und mich keine freie Willensentscheidung mehr. Wir *mussten* dort sein, manchmal zusammen, manchmal getrennt, wenn ich mit meinen Kumpels ging.

Dad legte sich bei Mum ordentlich für mich ins Zeug. Ich würde mich anständig einpacken. Die frische Luft würde mir gut tun.

Ich sei ja mit meiner Erkältung schon ›über den Berg‹. Er erzählte ihr auch, warum mein Besuch dort so wichtig war: Rochdale hatte gerade 4:1 gewonnen und Northampton wären die nächsten, die eine ordentliche Tracht Prügel einstecken müssten. Er würde mich notfalls hintragen. Na gut, wenn du drauf bestehst: Er kann gehen.

Doch an diesem Abend sollte sich die größte Zuschauermenge der ganzen Saison, nämlich 2.995 Besucher, an einem neuerlichen Festmahl des Fußballs verschlucken. Wir verloren 2:0.

Bevor sie vermisst wurde, kannten Lesley – wie die meisten Kinder – nur ein paar Leute. Doch am Tag danach war ihr Bild in den Zeitungen und im Fernsehen und plötzlich wussten alle alles über sie. Sie war elf, sah aber viel jünger aus, weil sie kaum einszwanzig groß war und weniger als 25 Kilo wog. Sie hatte einen angeborenen Herzfehler und war für Husten und Erkältungen sehr anfällig. An diesem Sonntag war sie um einen Laib Brot und Haarspray geschickt worden. Als sie sich verspätete, machte sich ihre Mutter Sorgen, begann sie zu suchen und rief ihren Nachbarn über die Gartenzäune zu:

»Habt ihr unsere Lesley gesehen?«

Auf dem Foto in der Zeitung hatte Lesley einen Heiligenschein aus braunen Locken und ein verschmitztes Halblächeln im Gesicht. Ihre Augen waren dunkelbraun und funkelten wässrig, so als ob sie gleich in Gelächter ausbrechen würde. Sie trug Karosocken, weil sie ein Fan der Bay City Rollers war. Lesley war überall, und doch nirgendwo zu sehen.

Es dauerte acht Spiele, bis Rochdale nach seinem Triumph über die Tranmere Rovers wieder gewinnen sollte. Die Negativserie enthielt unter anderem eine 0:3-Niederlage in Brentford und drei langweilige 1:1-Heimunentschieden. Man musste das fast als Strafe für die Unverfrorenheit begreifen, einen Aufstiegskandidaten so an die Wand gespielt zu haben. Da ich den 4:1-Sieg aber gar nicht miterlebt hatte, erschien mir das gleich doppelt unfair. Ich hatte noch viel zu lernen ...

Die Kinder aus unserer Straße gingen davon aus, Alias Alias Face hätte Lesley gekidnapped. Das war der große Kerl, den wir immer mit einem außergewöhnlich aufrechten Gang herumlaufen sahen. Als wir ihn das erste Mal sahen, ging Steven Fletcher zu ihm hin und dann neben ihm her, sah zu ihm rüber, lächelte ihn an und tat recht großkotzig. Ohne ein Wort packte der Kerl Steven fest am Hals. Der lief tiefrot an. Entsetzt riefen wir, er solle ihn loslassen. Philip rannte los, um ihre Mutter zu holen. Schließlich schleuderte der Typ Steven zur Seite. Während der nach Luft schnappte, rannter wir hinter dem Kerl her.

»Warum hast du das getan?«

»Weil ich es getan habe, nicht wahr?«

»Er hat aber kaum noch Luft bekommen und so.«

»Geschieht ihm recht.«

»Er hat doch nur Spaß gemacht.«

»Nein.«

»Doch.«

»Okay, jetzt lacht er aber nicht mehr, oder?«

»Wo wohnst du?«

»Sag ich nicht.«

»Wie heißt du?«

»Sag ich nicht.«

»Jetzt sag schon.«

»Tony.«

Ein paar Tage später sahen wir ihn wieder, und da leugnete er, Tony zu heißen. Jetzt sagte er, er heiße David. Daraufhin nannten wir ihn nur noch Alias Alias Face. Wir waren uns sicher, dass er etwas mit Lesleys Verschwinden zu tun hatte.

Lesleys Leiche wurde gefunden. Ein Schreiner hatte seinen Lieferwagen auf einem Rastplatz an einer Moorlandstraße jenseits der Bezirksgrenze in Ripponden, West Yorkshire, abgestellt. Zuerst dachte er, er hätte nur einen Kleiderhaufen gesehen; als er dem grasbedeckten Hügel aber näher kam, erkannte er, dass es sich um den Körper eines Kindes handelte. Eine blaue Leinentasche mit aufgedrucktem Tweety lag zu ihren Füßen; ihre Mutter hatte sie ihr für die Einkäufe mitgegeben. Sie hatte Stichwunden im Rükken, in den Schultern und im Kopf. Auf ihren Kleidern wurde Sperma gefunden.

6-10-75

MYSTERY PROWLER HINT IN MISSING GIRL SEARCH

I THINK SHE'S BEEN ABDUCTED—LESLEY'S MOTHER

FEARS were growing yesterday for the safety of 11-year-old Lesley Molseed, the 'hole-in-the-heart' operation girl, missing since Sunday lunchtime when she went an errand for her mother.

Mrs April Molseed, aged 38, thinks her daughter has been abducted. "I don't believe she is on Turf Hill. I don't believe she is in Rochdale," said Mrs Molseed in her council house "semi" at 11 Delamere Road, Turf Hill, yesterday. And Lesley's stepfather, Mr Daniel Molseed, a 40-year-old electrician, said: "She must have been abducted.

"We came to that conclusion on Sunday night when she did not come back. Everybody knows she is not a wanderer."

But Supt. Bob Houghton, who is heading the massive police search operation, told the Observer: "We have no reason to believe that Lesley has been abducted, although all options are being kept open."

He said: "We are very concerned for Lesley's safety. We must be when there is no

LESLEY, who "looks

Das änderte alles. Wir durften nicht mehr draußen spielen. Die Mutter brachte einen in die Schule und holte einen am Tor auch wieder ab. Lesleys Mörder war unter uns. Die Welt wurde zu einer Höhle, jegliches Licht war erloschen. *Er* war hinterm Zaun am Gartenende. *Er* war beim Hintereingang und huschte zwischen Mülltonnen und Kisten herum. *Er* war bei den Rangiergleisen, langweilte sich, rammte sein Messer in die Schlafwagen, schlug die

Zeit tot. *Er* durchkämmte nachts den Park, lauerte mit ein paar Schritten Abstand dem letzten Jungen oder dem letzten Mädchen auf dem Heimweg auf.

Es war kaum zu fassen, dass man an etwas, was jeden Tag durch die Nachrichten ging, so nahe dran war. Wenn man sich auf sein Rad schwang, die Hauptstraße hinunter und dann durch ein paar Seitenstraßen radelte, war man in knapp zehn Minuten bei Lesleys Haus. Dort konnte man mit seinen eigenen Augen sehen, wo sie mit ihren Eltern und Geschwistern gewohnt hatte. Wir dachten: Wenn Lesley gestorben war, dann war das doch etwas ganz anderes, als wenn es einem selbst passiert wäre, oder? Das konnte doch kein Zufall sein, nichts, was willkürlich geschehen war. So war das Leben doch nicht, nein, sicher nicht. Wir stellten uns Jesus vor, wie er im Himmel mit allem, was sie sich je gewünscht hatte, auf sie wartete. Sie war an einem traumhaft schönen Ort, fuhr Fahrrad, spielte mit einem Kätzchen, aß in der Sonne ein Eis, wartete darauf, ihre Familie wiederzutreffen.

Wenn man zu Fußballspielen ging, schlossen sich manchmal die unwahrscheinlichsten Grüppchen zusammen. Man hatte seine Kumpels auf der Straße, die aus der Schule und dann eben wiederum ganz andere, die einen zum Fußball begleiteten; vielleicht nur zu einem einzigen Spiel, manchmal aber auch eine ganze Saison lang.

»Gehst du am Samstag?«

»Klar.«

»Ich komm mit.«

»Okay.«

Gilly war ein Rochdalefan, aber auch ein Anhänger von Liverpool. Er hatte immer mehr Zeug als alle anderen. Er hielt sich für einen Torwart und kaufte sich ein Paar Handschuhe mit Noppen auf den Handflächen, solchen wie bei einem Tischtennisschläger. Er trug einen Liverpool-Trainingsanzug, der ihm zu klein war und seinen pummeligen Bauch ziemlich einschnürte. Aber keiner wagte es, ihn Dickerchen zu nennen.

Er war einer dieser Angeber, die nach einem Rummelplatzbesuch behaupteten, sie seien siebzehn Mal mit dem Kettenkarussell gefahren oder unter den sieben Jungs gewesen, die hinter den Fahrgeschäften ›ein Mädel gevögelt‹ hätten. Einmal protzte er, er wäre in ein Büro eingebrochen und hätte auf die Schreibmaschinen gepinkelt. Ein anderes Mal behauptete er, er hätte von einer Tablette das Wort *Aspirin* abgekratzt und sie dann einem Typen im Park als Heroin verkauft.

An den Spieltagen trafen wir uns an der Bushaltestelle.

»Glaubst du, es gibt heute Ärger?«, fragte er.

»Keine Ahnung.«

»Ich habe gehört, dass sie jede Menge davon mitbringen. Pass auf, es wird richtig abgehen. Ganz sicher.«

Oft hatte er ein gewisses Insiderwissen und deshalb schon Pläne geschmiedet:

»Wenn ich eingekesselt werde, du weißt schon, wenn sie in unsere Kurve drängen, weißt du, was ich dann mache? Ich hol' mir eine Tasse dampfend heißen Kaffee und sorge dafür, dass der erste, der mir zu nahe kommt, die verdammte Brühe ins Gesicht kriegt. Ich mach' den Bastard blind!«

Wenn er zum Klo ging oder sich einen Kuchen holte (was er oft tat), wurde er grundsätzlich Zeuge einer Gewalttat.

»Da hättest du dabei sein sollen! Ein paar Rochdale-Typen schlagen einfach diesen Huddersfield-Fan zusammen. Sie verpassen ihm so eine richtige Abreibung. Sein Gesicht sieht jetzt verdammt fertig aus.«

Ein andermal sagte er, ein Typ sei zusammengebrochen oder ein Ziegelstein, der von der Haupttribüne geworfen wurde, hätte den Kopf einer alten Dame ›gespalten‹ und am Fuße des Flutlichtmastens befinde sich jetzt eine riesige Blutlache. (Ich dachte bei dieser Schilderung wirklich, ein Kopf könnte gespalten werden, und wenn ich das Stadion durch den anderen Ausgang verließe und an einem Krankenwagen mit offenen Türen vorbeikäme, könnte ich einen geöffneten Kopf sehen, aufgeschlagen wie die Seiten eines Buchs.)

Frohe Weihnachten. Die Spannung und die Angst, welche die Stadt in Schach gehalten hatten, verebbten innerhalb weniger Stunden am Heiligabend 1975. Die Straßen und Parks waren wieder sicher. Wir durften wieder draußen spielen.

Stefan Ivan Kiszko hatte sich vor Gericht wegen Mordes an Lesley Molseed zu verantworten. Elf Wochen waren vergangen, seit die Leiche gefunden worden war. Kiszko war ein großer Mann; alle Zeitungen erwähnten seine Größe. In unserer Straße sprachen die Eltern von ihm als ›Monster‹ oder ›Bestie‹. Ich hörte jemanden sagen, er lebe auf der anderen Seite eines eisernen Vorhangs, wo es Wälder gab, schwarze Seen, hässliche, missgebildete Leute und Nebel, die sich niemals lichteten.

Steven Fletcher sagte, dass Kiszko – echt wahr – Hunde fing, sie in Stücke hackte und dann in der Pfanne briet. Seine Mutter hatte sich damals ein Mädchen gewünscht und ihm deshalb immer Strumpfhosen und Röcke angezogen. In der Schule hatte er keine Freunde gehabt, alle hatten auf ihm herumgehackt. Fletcher sagte, das Haus, in dem er in Rochdale wohnte, sei alt, abbruchreif und von einem hohen Zaun umgeben. Kiszko hatte seine ganze Wut auf die Welt, mit der er nicht klarkam, auf einem winzigen Mädchen abgeladen. Die Leute wollten mit ihm genau das machen, was er diesem Mädchen angetan hatte. Sie wollten, dass seine Mitgefangenen über ihn herfielen, ihn verstümmelten, ihn büßen ließen. Meine Mutter sagte, er solle hängen. Frank, einer unserer Nachbarn, meinte, Hängen sei noch viel zu mild für ihn.

Gillys Vorstellungen von sadistischer Gewalt schrumpften im Nieselregen und in der Dunkelheit Spotlands ein wenig zusammen. Wenn ich an Winternachmittagen und -abenden mit ihm alleine war, schien gelegentlich sogar so etwas wie ein Fünkchen Wahrheit in seinen Geschichten aufzuflackern. Das immer wiederkehrende Thema war die Gefahr, in Unterzahl eingekesselt zu werden. Wenn er sich aufregte, lief sein Gesicht so rot an, als sei es von züngelnden Flammen erfasst worden. Wenn wir auseinandergingen, spürte ich ihn förmlich auf seiner Haut.

Nach und nach verabschiedete er sich vom Fußball. Er sagte, er sei zu beschäftigt. Er musste samstags nach Manchester rein, ›um ein paar Typen aus Moss Side zu treffen‹. In der Schule hatte er einen betrügerischen Handel mit Bananenschalen aufgezogen. Er sammelte sie, trocknete sie auf seiner Schlafzimmerheizung, mahlte sie klein und verkaufte das Pulver dann an Kids, denen er erzählte, sie würden beim Rauchen davon high werden. Die meisten wussten, dass der Stoff keinerlei Wirkung hatte, zahlten aber aus Angst vor ihm trotzdem.

Innerhalb weniger Tage wussten wir alles über Kiszko. Die Zeitungen stürzten sich auf die Story. Er war vierundzwanzig, Single, wohnte bei seiner Mutter und arbeitete als Beamter im Finanzamt. Er war knapp einsneunzig groß und wog fast hundertfünfzehn Kilo. Sechs Polizisten flankierten ihn in den Gerichtssaal.

Bis wenige Wochen vor seiner Verhaftung hatte die Familie an der Ecke einer Reihenhaussiedlung gewohnt, ganz in der Nähe eines Schlachthofs und einer Molkerei im Schatten einiger Fabriken. Die Fensterbretter waren zugestellt mit dichten, buschigen Pflanzen, weshalb ihn die Kinder aus seiner Nachbarschaft ›Jungle Jim‹ nannten. Er war für seine Größe, seinen Watschelgang und seine an Sucht grenzende Vorliebe für Bonbons bekannt. Wenn die Kids ihn nur lange genug anbettelten, kramte er in seinen Taschen und warf ihnen ein Pfefferminz- oder ein Fruchtbonbon hin.

Eines von Gillys letzten Spielen war das gegen Bradford City. Gegen Ende des Spiels entschied der Schiedsrichter auf Eckstoß für Rochdale. Bradfords Verteidiger umklammerte den Torpfosten, während er darauf wartete, dass der Ball hereinkam. Er war ein Schwarzer. Sein Mund stand offen, er schnappte nach Luft und sog sie tief ein. Seine Stirn war mit Schweißperlen übersät, die im Flutlicht glitzerten. Ein paar Fans rannten in die Spielfeldecke, um ihn zu beschimpfen. Gilly sah sich nach ihnen um:

»Schau dir das an«, grinste er.

Um uns herum buhten die Fans und ahmten das Kreischen und Grunzen von Affen nach. Der Spieler hob den Arm, um sich den Schweiß abzuwischen. Als er den Arm wieder sinken ließ, sah es aus, als hätte er den vorigen Gesichtsausdruck weggewischt. Er war nicht mehr auf das Spiel konzentriert, sondern hatte Angst vor dem Mob. Ein Mann zwängte seinen Kopf zwischen Gilly und mich. Er war so breit wie drei oder vier Jungs. Ich sah sein Gesicht in Nahaufnahme. Seine Augen traten hervor. Seine Stirn war riesig. Spucke auf seinen Lippen.

»Schwarzer Bastard!«

In seiner Erregung stieß er die Worte so schnell hervor, dass ihm die Stimme beinahe versagte. In seiner schäumenden Wut wurde sie zu einem Bellen:

»Nigger! Fotze! Neger! Bastard!«

Die Ecke kam herein und der Ball wurde aus der Gefahrenzone geschlagen. Die Spieler verließen den Strafraum und der Mann machte sich auf den Weg zurück zu seinem Tribünenplatz. Es wurde wieder still. Genau auf diesen Augenblick hatte Gilly gewartet:

»Ich heiße Kunta Kinte, ich bin *nicht* Chicken George«, rief er in westindischem Akzent.

Das hatte er in der Fernsehserie *Roots* gehört. Ein paar Erwachsene lachten und zwinkerten ihm zu. Gilly schwoll vor Stolz die Brust.

Obwohl die vergangene Saison besser verlaufen war und auf Platz 15 abgeschlossen werden konnte, verließ Walter Joyce im Mai 1976 Rochdale in ›gegenseitigem Einvernehmen‹. Seiner Fußballphilosophie waren unterhaltsame Spiele aber wechselhafte Ergebnisse entsprungen. Die eine Woche wurde mit 4:2 gewonnen, die nächste mit 0:3 verloren. Beharrlich hatte er (im Gegensatz zu den meisten späteren Trainern Rochdales) ein Team aufgestellt, das sich an den ehernen Grundsätzen dessen orientierte, was die meisten Fans für ›guten‹ Fußball hielten: Rechtsfüßer spielten rechts, Linksfüßer links; Flügelstürmer bekamen die Anweisung, in der gegnerischen Hälfte zu bleiben, anstatt als Quasi-Verteidiger mit zurückzukommen; Verteidiger wurden dazu ermuntert, sich gegenseitig auszuhelfen; junge Spieler bekamen ihre Chance; und er hatte die ganz eigene Dynamik eines Sturmduos aus einem großen und einem kleinen Spieler gemocht.

Alan, ein anderer Schulfreund von mir, radelte zu den Spielen, um sich das Geld für das Busticket zu sparen und sich stattdessen in der Halbzeitpause einen Teller Fleischpastete mit Erbsenmus zu kaufen. Einmal sah ich ihn vor einem Spiel alleine auf dem Gehweg vorm Spotland gehen, sein Hosenbein noch in die Socke gestopft. Ich deutete mit einem zusammengerollten Stadionheft darauf.

»Verdammt noch mal, immer vergess ich es …«

Nach dem Spiel ging ich mit ihm zusammen sein Fahrrad holen. Er hatte es auf einem Grundstück ein paar Straßen weiter in den Büschen versteckt. Es wurde schon langsam dunkel. Der Straßenrand fiel steil zu einem Drahtzaun hin ab, der um eine Fabrik herumführte, ungefähr hundert Meter von einer Reihe leer stehender Holzgaragen entfernt. In einer flachen Mulde stapelte sich der Müll gegen den Zaun. Die Sonne hatte die Farben der Süßigkeitenpapierchen ausgebleicht und der Regen hatte die Bilder abgewaschen. Alan hatte das Rad an seinem üblichen Platz abgestellt, seitlich an ein paar dichte Rhododendronbüsche angelehnt. Ich hörte ihn herumschlurfen und nach den Zweigen greifen.

»Es ist weg«, rief er. Er trat mit den Füßen um sich. Zuerst nur, um sich ein bisschen Platz zu schaffen, aber dann nahm seine Wut überhand und er trat zornig herum. »Jemand hat es geklaut.«

Ich kam näher und stieß meinen Absatz in der Hoffnung in den Boden, auf Metall und Speichen zu treffen.

»Hat irgendjemand gesehen, dass du es hierher gebracht hast?«

»Nein. Ich schaue mich immer um, bevor ich es hierlasse. *Immer.*«

Er hatte das Rad selbst gebaut. Der Rahmen stammte von einem normalen Rennrad, aber er hatte einen Kuhhornlenker und einen gefederten Ledersattel darauf montiert.

»Sollen wir die Polizei holen?«

Er wollte keinen Stress. Er wollte heim.

»Was bringt das?«, fragte er.

Wir gingen zurück und suchten den Boden ab, bevor wir zwei Polizisten sahen, die über den Clubparkplatz schritten. Wir rannten die letzten paar Meter und holten sie völlig außer Atem ein.

»Sie haben nicht zufällig einen Jungen auf einem Fahrrad gesehen?«

Der Kleinere zog sich Handschuhe an; es war kühl geworden.

»Was für ein Rad soll das sein?«

Ich beschrieb ihm, wie es aussah.

»Warum interessiert dich das?«

Ich zeigte auf Alan.

»Es gehört ihm. Es ist geklaut worden.«

»Wo?«

»Da drüben, in den Büschen.«

»Was hat es denn in den Büschen gemacht?«

»Ich verstecke es immer dort, wenn ich ins Stadion gehe.«

»So? Ab jetzt halt nicht mehr, oder?«, sagte der Größere.

»Nein.«

Alan sah mich sauer an, weil ich ihm diese sinnlose Qual eingebrockt hatte.

Wir trotteten zusammen nach Hause. Ich versprach ihm, dabei zu helfen, Teile für ein neues Fahrrad zu suchen. Mein Vater war immer auf Schrottplätzen unterwegs, auf denen die Container von Rahmen, Lenkern, Reifen und Ketten nur so überquollen.

»In null Komma nichts hast du ein neues gebaut.«

Alan schüttelte den Kopf. Danach ging er zu fast keinem Spiel mehr.

In meinen ersten paar Saisons als Fan hatte ich herausgefunden, dass es eine besondere ›Rochdale-Art‹ gab, Fußball zu spielen.* Sie war risikofreudig, aber übereifrig, schmerzhaft, aber ehrlich. Ich habe nur selten einen Zynismus entdeckt, weder in der Taktik noch in der Einstellung. Wenn sie ganz offensichtlich auf ein Unentschieden spielten oder versuchten, eine Führung über die Zeit zu retten, dann vermasselten sie die Sache unweigerlich grandios. Sie verfielen dann ganz schnell in Stereotypen, stürmten vorwärts wie die Kinder, die man zum Spielen hinausgelassen hatte, versuchten sich an Dreißig-Meter-Querpässen, wo ein Fünf-Meter-Sicherheitspass ihren Fähigkeiten eher angemessen gewesen wäre. Aber genau das machte den größten Reiz aus: Rochdales Fußball war ehrgeizig und von der Art, die ein Tänzchen mit dem Leichtsinn wagte. Ich musste wohl – vermutlich weitgehend im Unterbewusstsein – beschlossen haben, genau das an meinen Fußballclubs zu mögen. Und auch an Leuten. Ich gebe Walter die Schuld daran.

Stefan Kiszko war – ganz ähnlich wie Lesley Molseed – ein kränkliches Kind gewesen, geplagt von Asthma und Blutkrankheiten. In der Schule wurde er wegen seines schlechten Gesundheitszustands vom Sportunterricht befreit. Er hatte ein extrem enges Verhältnis zu seiner Mutter (sein Vater war schon ein paar Jahre zuvor gestorben) und sie gehörten zu der Gemeinschaft der Ukrainer, Polen und Ungarn, die nach dem Zweiten Weltkrieg gekommen waren, um in den Baumwollspinnereien zu arbeiten.

Die Familie kam alleine gut zurecht. Ein paar Wochen vor seiner Verhaftung war er mit seiner Mutter ans andere Ende der Stadt in eine Doppelhaushälfte in einer Allee gezogen. Als die Polizei klingelte, saß Kiszko in seinem Lieblingssessel unterm Weihnachtsbaum.

---

* Es könnte aber sein, dass das gar nicht stimmt. Wie sollte schon irgendjemand wissen, was genau einen zu einem bestimmten Fußballclub hinzieht und was einen dort hält? Tatsächlich bin ich im Ausschlussverfahren auf diese Theorie einer ›Rochdale-Art‹ verfallen. Wenn der Boden eine Katastrophe war, der Fußball unansehnlich und sich die Leute andauernd gegenseitig krankenhausreif schlugen, dann musste sich das doch schließlich auch irgendwie im konkreten Fußballstil widerspiegeln. Möglicherweise zumindest.

4

Die Sonne brennt runter

1976 hatten nur wenige britische Fußballclubs Coaches. Coaching war ein modernes Konzept, das als ein wenig verweichlicht und hochnäsig galt. Die meisten Clubs hatten Trainer, deren Rolle ausgesprochen unwissenschaftlich war – ein paar Liegestützen, ein Lauf um den Block, einen Klaps auf den verstauchten (möglicherweise gebrochenen) Knöchel und die Ermahnung, sich vor den Spielen für ein oder zwei Tage beim Bier zurückzuhalten.

Völlig unerwartet hatte Rochdale plötzlich den *Coach des Jahres* als neuen Cheftrainer. Zuletzt war er Trainer der australischen Nationalmannschaft gewesen. Um seine ›renommierte‹ Auszeichnung wurde viel Aufhebens gemacht, obwohl davor noch nie jemand etwas von ihr gehört hatte.

Der Club war so stolz auf seine Neuerwerbung, dass er vor Saisonbeginn ein Bankett veranstaltete und die Presse dazu einlud, sie zusammen mit den Spielern und Vorständen kennenzulernen.

Brian Green trug dunkle Jacketts und Pullover mit Polokragen und wurde vom *Rochdale Observer* als Rochdales Einfallstor in ein neues, modernes Zeitalter gefeiert. Er hatte die Welt bereist und kam nun mit einem überbordenden Wissen um Taktiken, Aufstellungen, Trainingssystemen und Diätplänen nach England zurück. Wir hatten jetzt einen Visionär in dem fensterlosen Büro unter der Haupttribüne.

Er sah aus wie ein Mann, der seine Zeit unter der australischen Sonne genossen hatte. Auf dem Foto in der Zeitung wirkte er lokker und entspannt, leichtfüßig, ganz wie einer, der sich sicher war, der verlöschenden Glut eines Fußballclubs neues Leben einhauchen zu können. Ich sah ihn im Geiste auf das Spielfeld schlendern, quer über das saftige Mittsommergras, von einem Tor zum anderen blickend. Der Platzwart zwinkert ihm zu und der *Roch-*

dale Observer macht sein Foto und wünscht ihm: Alles Gute, Mr. Green.

Ein Fußballclub nur für dich allein. Pass, Pass, Dribbling, Steilpass quer übers Feld zum Außenstürmer, Flanke auf den Mittelstürmer – Tor! Es muss wohl ziemlich einfach gewirkt haben, so ganz ohne Spieler auf dem Feld und Besserwisser und Jammerer auf den Tribünen.

Im Sommer '76 schien ausnahmsweise sogar in Rochdale die Sonne. Der Asphalt auf den Straßen zerschmolz zu schwarzem Klebstoff. Es hatte achtundzwanzig Grad im Schatten und die Leute wurden reihenweise mit Hitzschlag ins Krankenhaus eingeliefert. Die Feuerwehr musste in einer Woche 300 Mal ausrükken, zumeist wegen Rasenbränden, und die örtlichen Polizisten durften zum ersten Mal in der Geschichte ihre Krawatten abnehmen. Der Wasserpegel eines Speichersees im Moor lag sieben Meter unter seinem Normalstand und man konnte die Umrisse des Dorfes sehen, das damals geflutet worden war. Das Wasser wurde rationiert und die Häuser waren eine ganze Zeit lang von der Versorgung abgeschnitten.

Wir spielten den ganzen Sommer über draußen. An manchen Tagen war es so heiß, dass wir uns ins Gras plumpsen ließen, unsere Augen schlossen und die Formen und Farben beobachteten, die auf der Innenseite der Augenlider umhertanzten. Die Gegend um den Kanal bevölkerte sich mit zwitschernden und zirpenden Insekten. Beim Laufen sprangen sie um deine Füße herum und jeder Schritt schien eine kleine Explosion auszulösen. Das Gras wuchs höher als jemals zuvor, bis über den Bauchnabel, sodass es schwer war, den Pfad zu sehen, der sich zwischen den Bäumen dahinschlängelte. Die Farben waren heller und intensiver und die Hitze ließ das Wasser funkeln.

Ein paar von uns Kids fanden eine Eisenbahnschwelle und ließen sie den Kanal hinuntertreiben. Steven Fletcher nannte sie den *Lastkahn Nachttopf*. Wir legten uns abwechselnd bäuchlings darauf und trieben durch die Tunnels unter der Straße. Die engen Wasserwege waren von verrostetem Eisen flankiert, sodass man seinen Körper eng an die Schwelle pressen musste. In der Mitte wurde es ziemlich dunkel und manchmal konnte man die Ratten umherhuschen hören. Der Lichtstrahl am Ende des Tunnels wurde größer, bis man endlich erleichtert wieder draußen in der Sonne war.

Walter Joyce versinnbildlichte den vergangenen Winter. Damals, als noch keine Sonne geschienen hatte. Er hatte seine Teams rausgeschickt in den furchtbaren Schlamm, der an ihnen klebte, während es sie ununterbrochen vollregnete. Walter hatte nicht Greens Lebenslust gehabt. Am Spieltag hatte er in seinem Anzug grau und hölzern gewirkt, so, als hätte der in der Reinigung zu viel Sprühstärke abbekommen. Er stammte aus Oldham, hatte für Burnley und Blackburn gespielt, war provinziell und nüchtern, während Brian Green von einem strahlenden Lichtschein umgeben war.

Rochdale stellte Green einen weiteren Sunnyboy als Assistenten zur Seite. Er war ein Coach mit ›einem unvergleichlichen Ruf im australischen und neuseeländischen Fußball‹. Alan Vest kam über den neuseeländischen Gisborne City FC und den West Australian Federation FC zu Rochdale. Als Spieler war er Neuseelands Kapitän in der Qualifikation zur Weltmeisterschaft 1974 gewesen.

Plötzlich schienen wir das kosmopolitischste Trainergespann der ganzen Football League zu haben. Was die meisten nicht wussten: Green war im 20 Kilometer entfernten Droylsden geboren und Vest im 60 Kilometer entfernten Barnsley.

Die Sonne brannte den ganzen Sommer lang runter. Der Dreck zerfiel zu Staub. Die Fußabdrücke vertrockneten und zersplitterten in winzige Einzelteile. Die Kinder rissen sich die Kleider vom Leibe und sprangen in die Bäche und Flüsse, um der Hitze zu entfliehen. Sie bildeten Grüppchen und pilgerten mit Handtüchern unter den Armen und Hunden zu ihren Füßen durch die Straßen. Wir konnten sie am Ende unserer Straße sehen.

»Wo geht ihr denn alle hin?«

Sie waren zu den Mühlhäuschen oder zu den Steinbrüchen von Castleton unterwegs, vielleicht auch zum Hollingworth Lake. Aus Angst, die Hunde, die ihnen hinterhertrotteten, könnten tollwütig sein, hielten wir Abstand. Im Fernsehen brachten sie nämlich schon Warnhinweise, die Seuche sei im Anmarsch auf Großbritannien. Tierwärter fuhren in Lastwagen herum und hielten Ausschau. Sie warfen bei uns ein Flugblatt durch den Türschlitz: ›Rochdales Maßnahmen, um einen Ausbruch der Tollwut zu verhindern, bestehen aus Schutzanzügen aus rostfreiem Stahl, einer Lastwagenflotte und einem Notfallinformationscenter.‹ Es hieß, wenn uns ein Hund abschleckte, und sei es nur ein kleiner Jack Russell, dann könnte sich bei uns möglicherweise Schaum vor dem Mund und vermehrter Speichelfluss bilden, und dann müssten uns die Ärzte mit Spritzen mit armgroßen Nadeln Injektionen in den Bauch verpassen.

Green und Vest wurden im Stadionheft für die Nachwelt abgelichtet. Passenderweise wurde die Seite drei für ein großes Foto der beiden in zwangloser Kleidung zur Verfügung gestellt. Beide trugen kurzärmlige Hemden mit Spitzkragen. Sie gingen auf dem Rasen vom Spotland in die Hocke und blickten einander fast sehnsüchtig in die Augen. Vests glatter Arm lag auf Greens Knie. Ihre Schlaghosen verschlangen sich beinahe ineinander. Darüber stand die Überschrift: ›Manager und Coach besprechen die Taktik‹. Ach so.

Im Sommer schaute David Swann fast jeden Tag bei uns vorbei. Er war groß und dünn und trug unabhängig vom Wetter immer den gleichen ausgeleierten schwarzen Dufflecoat, an dem die meisten Knöpfe fehlten; er schien darin so viel Platz zu haben, dass er im Mantelinneren herumspazieren hätte können. Die Kragen seiner Pullover waren entweder zerrissen oder ausgeleiert und sein Gesicht war normalerweise schmutzig; aber nicht mit dem weichen Schmutz, den man mit einem Klecks Spucke auf einem

Manager and Coach plan tactics

Taschentuch wegwischen konnte, sondern mit einem zerfurchten Schlamm, den man kräftig abschrubben musste, um ihn überhaupt wegzubekommen.

Sein Dad war vor ein paar Jahren gestorben, seitdem musste er seine drei jüngeren Schwestern mitversorgen. Ebenso seine Mutter, die den ganzen Tag trank. Das hieß also, dass er selbst so etwas wie ein Familienvater wurde, obwohl er erst dreizehn war.

Mum gab ihm zu essen. Er war keine anständigen Mittags- und Abendmahlzeiten gewohnt und wurde immer ganz still, während er aß und das Essen akribisch auf Messer und Gabel schichtete. Meine Schwester hatte ebenfalls ein paar solche Freunde, die ein paar Wochen oder Monate lang Mitglieder unserer Familie wurden.

Swanny war offener als andere Jungs und enthusiastisch. Wenn er mit dem Plan ankam, beim Kanal eine Höhle zu bauen, zog er gleich ein mit Teeflecken übersätes liniertes Blatt Papier aus seiner Tasche. Er hatte sogar an Stützpfeiler und Büsche zur Tarnung gedacht und die genaue Lage der Höhle zur Straße, den umliegenden Wohnungen und unserem Haus aufgezeichnet.

Steve Melledew, ein Spieler, den Rochdale ein paar Jahre zuvor an Everton verkauft hatte, war Brian Greens erste Neuverpflichtung. Als er Rochdale damals verließ, hatte er einen Topfschnitt mit schiefem Pony und eine Haut mit kartoffelbreiartiger Farbe gehabt. Bei seiner Rückkehr sah zwar seine Haut noch genauso wie damals aus, inzwischen hatte er aber einen Federschnitt und strahlte, den Fotos in der Zeitung nach zu urteilen, die Selbstsicherheit eines Mannes aus, der – wie Green – auch eine Welt jenseits der Stadtgrenzen gesehen hatte. Und tatsächlich hatte er in der vergangenen Saison zusammen mit Eusebio für die Boston Minutemen in der North American Soccer League NASL gespielt.

In seiner früheren Zeit bei Rochdale war Melledews Spitzname offenbar ›der wilde Stier der Pampas‹ gewesen. Nicht unbedingt der einprägsamste Kosename.

Steve Melledew. Bitte hinten anstellen, Mädels.

In den Ferien kam Swanny immer schon vor neun Uhr. Da ich dann normalerweise noch nicht wach war, gab ihm Dad eine Tasse Tee, während er wartete. Es war so, als hätte er vor lauter Vorfreude nicht schlafen können. Aber er erzählte mir später, dass er schon so früh aufstehen musste, um die restlichen Familienmitglieder anzuziehen und ihnen etwas zu essen zu machen. Wenn seine Mutter am Vorabend im Pub gewesen war, blieb sie lieber im Bett liegen und er brachte ihr Tee und Toast nach oben.

Er war Mitglied bei den Pfadfindern, der Jungenbrigade, in Kirchengruppen und ein paar anderen Vereinen, von denen ich noch nie gehört hatte.

Ich begleitete ihn zu den Pfadfindern. Sie trafen sich in einem großen Raum über ein paar Läden in der Hauptstraße. Ein knappes Dutzend Jungs kickte planlos einen Fußball herum. Er knallte dauernd gegen die zum Teil schon zersprungenen Fenster. An die Wände waren Stühle gequetscht und im Dachstuhl hingen lange Holzkanus zwischen den Balken. In einem unbeleuchteten Teil der hinteren Ecke lag ein Stapel mit Zelten, Campinggeschirr, Seilen und Leinentaschen.

Ein paar Jungs trugen braune Hemden, aber keiner eine ganze Uniform. Am ehesten noch Swanny, aber sein Hemd hing ihm aus der Hose, und die wiederum war bis über seine Knöchel hochgerutscht. Ein kleiner stämmiger Mann betrat den Raum und brüllte, sie sollten sich sammeln. Es war Skip, der Gruppenleiter. Die Gruppe hatte zwei Patrouillen namens Kobra und Kiebitz. Er sagte mir, ich solle mich bei den Kiebitzen anstellen und einfach das nachmachen, was die anderen vormachten.

Die Gruppe bestand aus Jungs, die ich von der Schule her kannte. Ein paar stammten aus den fertigsten Familien der Gegend. Paul Jackson war von der Schule geflogen, nachdem er mit einer Fahrradkette über jemanden hergefallen war. Skip sagte mir, ich könne zwar ein paar Wochen lang normale Klamotten tragen, solle aber schon mal auf eine Uniform sparen. Innerhalb von drei Monaten sollte ich nämlich die volle Ausrüstung haben. Nachher erzählten mir aber ein paar von den anderen, sie seien schon seit fast einem Jahr dabei und hätten immer noch nur ein Hemd oder ein Halstuch.

»Kümmer dich einfach nicht drum, was Skip sagt. Er ist ein Schwachkopf.«

Auf dem Heimweg schauten wir noch an der Pommesbude vorbei und gingen dann unser Abendessen mampfend weiter. Als wir fertig waren, schleuderten wir die ketchupverschmierten Pappteller auf die vorbeifahrenden Autos und riefen einen Wettbewerb aus, wessen Teller am längsten an einem Auto kleben blieb. Als ich ein paar Wochen bei den Pfadfindern dabei war, kaufte mir Mum ein Barett, das man sogar noch besser in Richtung der Motorhauben schleudern konnte.

Brian Green startete mit einem Kader von nur vierzehn Spielern in die Saison, der sich dann auch noch auf elf reduzierte, als sich drei Spieler während der Saisonvorbereitung in Freundschaftsspielen verletzten. Er holte einen Amateurspieler, Billy Boslem, als Verstärkung für die Abwehr und sie schlugen Scunthorpe United mit 1:0; es war ihr erster Auftaktauswärtssieg seit dreizehn Jahren.

Die Saisonkarte kostete 1976/77 für Erwachsene 10 Pfund und für Kinder 5 Pfund.

In der Sonne war Rochdale unangenehm, unbehaglich heiß. Die Stadt war einfach dafür geschaffen, vollgeregnet oder eingenebelt zu werden, sodass sie sich zufrieden in ihren Schmollwinkel zurückziehen konnte. Doch die Hitzewelle durchbrach die Gewohnheit, drinnen zu bleiben, alles heizte sich bis zur Schmerzgrenze auf, das Leben spielte sich draußen in der Öffentlichkeit ab.

Wir sahen schon nachmittags Betrunkene aus den Pubs heimschwanken, vor deren Türen die Leute an Plastiktischen saßen und die Straßenabgase einatmeten. Sie hatten sich einen fetten Sonnenbrand geholt und regten sich meistens über irgendetwas auf, ohne nachher noch zu wissen, worüber eigentlich. Ein paar der älteren Jungs zogen sie auf, wenn sie so in Schlangenlinien vorbeiliefen.

»Hey, du bist besoffen, und wie!«

Sie hüpften herum, immer in sicherem Abstand zu den fuchtelnden Armen.

»Kommt her, ihr vorlauten Scheißkerle!«

Die Jungs rannten lachend weg. Der Betrunkene setzte sich irgendwo hin, auf eine Gartenmauer oder so, und starrte ausdruckslos auf den Verkehr. Er stand wieder auf, hielt gleich wieder an und fingerte in seinen Taschen herum, verlagerte das Gewicht von einem Fuß auf den anderen, blinzelte heftig und versuchte, wach zu bleiben. Jedes Mal, wenn er eine Münze aus der Tasche zog, streichelte er sie, untersuchte sie und kratzte den Dreck und Staub von ihr ab, als erwartete er, sein Spiegelbild zu sehen.

Während des Kiszko-Prozesses wurde die drückende Hitze auch in den Zeitungen und im Fernsehen erwähnt – die Geschworenen in Hemdsärmeln, die Rechtsanwälte, die Abkühlung suchten, indem sie sich mit ihren Papieren Luft zufächelten.

Meine Mum sagte, sie hätte gehört, dass bei Kiszko etwas ›da unten‹ nicht stimmte. Ich fragte, was sie damit meinte.

»Du weißt schon«, sagte sie und deutete auf ihren Unterleib.

Auf meinen fragenden Blick hin reagierte sie etwas ungehalten.

»Seine *Dinger* sind nicht richtig gewachsen. Können wir das Thema damit jetzt bitte beenden?«

Dem Gericht wurde zugetragen, dass Kiszko ein paar Wochen vor seiner Verhaftung mit Anämie ins Krankenhaus eingeliefert worden war. Die Ärzte stellten ein Leiden namens Hypogonadismus fest; sein Penis und seine Hoden waren unterentwickelt. Man verabreichte ihm Testosteron und die Staatsanwaltschaft legte dar, dass ein plötzlicher, unkontrollierbarer Sexualtrieb eine Nebenwirkung dieser Injektionen war. Noch Monate später wurde in der Schule jeder gehänselt, der auch nur leiseste Anzeichen von Erregbarkeit zeigte: ›Was ist los, bist du auf Kiszko-Pillen, oder was?‹

Nach zweiwöchiger Beweisaufnahme sprachen die Geschworenen Kiszko mit einer Mehrheit von 10:2 Stimmen schuldig und er wurde zu lebenslanger Haft verurteilt. Sein früherer Schulleiter wurde um eine Aussage dazu gebeten. Seltsamerweise sagte er, Kiszko sei ›ein sehr freundlicher und oftmals ziemlich großzügiger Junge‹ gewesen. Seine Hobbys und Interessen, die von den Zeitungen sorgfältig aufgelistet wurden, galten dem Briefmarkensammeln, der Botanik, der Fotografie, dem Akkordeonspiel, Kinobesuchen mit seiner Mutter, der Pflege des Grabes seines Vaters und dem Besuch von Gartencentern.

Stefan Kiszko mit seiner Mutter Charlotte.

Der Brian-Green-Effekt schien zu funktionieren. Von den ersten sechzehn Saisonspielen verlor Rochdale nur zwei und bewegte sich in der Nähe der ersten vier Tabellenplätze. Billy Boslem hatte sich einen Profivertrag gesichert, obwohl er wie eine ›neugeborene Giraffe‹ aussah, wie einige Fans fanden.

»Wir können vom Aufstieg sprechen«, meinte Brian Green zur Presse.

Das Sommerlager der Pfadfinder wurde in einem bewaldeten Tal ein paar Kilometer außerhalb der Stadt abgehalten. Wir konnten die Zelte nicht richtig aufbauen. Swanny versuchte zu erklären, wo die Stangen und die Spannseile hingehörten, aber keiner hörte zu. Unser Zeltplatz grenzte an einen Bach, der durch das Tal stürzte. Es entstand ein Heidenlärm und große Aufregung, als ein neues Spiel die Runde machte – eine Reihe von Plünderungen innerhalb der Patrouillen. Zuerst wurden nur ein oder zwei Küchenutensilien in den Bach geworfen, aber dann, als Swanny sie anflehte aufzuhören, ging man zu Lebensmitteln über, zu Schlafsäcken und schließlich zu einem Rucksack, der auf seinem Weg bachabwärts auf- und abtauchte. Der Tumult hatte einige ältere Pfadfinder aus der Nähe alarmiert. Einer kam besorgt herübergerannt:

»Was ist denn los? Ist jemand hineingefallen? Wie ist denn der Rucksack da hineingekommen?«

»Wir haben ihn einfach reingeschleudert«, sagte McCluskey.

»Warum das denn?«

»Nur so, zum Spaß.«

Andere Pfadfinder zogen sich die Schuhe und Socken aus und stiegen in den Bach, um das Zeug zu retten. Sie stapelten es vor dem Zelt, das Swanny schließlich aufgebaut hatte. Er dankte ihnen überschwänglich und versuchte, den Vorfall herunterzuspielen.

»Na ja, das Zeug hatte wirklich eine Wäsche nötig!«

Skip bat uns, die übrig gebliebenen Lebensmittelvorräte zusammenzulegen, mit denen nun vierzehn Jungs drei Tage lang auskommen mussten: einen Marmeladenstrudel und eine große Dose Rinderhackfleisch. Wir hätten uns damit in den eigenen Finger geschnitten, sagte er. Wir hätten uns selbst geschadet, jetzt stünden wir schön blöd da. Er schlug vor, die Vorräte zu rationieren und zu versuchen, damit irgendwie durch das lange Wochenende zu kommen.

»Jedes Mal, wenn euer Magen knurrt, wird euch das daran erinnern, was ihr für Trottel wart, nicht wahr?«

Er ging ein paar Minuten weg und informierte uns bei seiner Rückkehr, dass das Lager gesammelt und jede Gruppe zwei Lebensmittel gespendet hatte, was nun reichen sollte.

Kurz danach verschwand Paul Jackson. Skip erzählte uns beim Zubettgehen, dass ihn die Polizei aus dem Lager geholt hatte, nachdem er dabei erwischt worden war, wie er einen Pfadfinderkollegen mit einem Kartoffelmesser bedroht hatte.

Ein- oder zweimal pro Saison kam Opa mit uns ins Spotland, in erster Linie deshalb, um Oma einmal eine Pause vom Aufpassen zu gönnen. Die meiste Zeit in seinem Leben war es ihm nicht allzu gut gegangen. Es konnte nie eine richtige Krankheit festgestellt werden, aber es wurde gelegentlich von einem ›Verfallsprozess‹ oder von ›Präsenilität‹ gesprochen.

Er war vergesslich und verwirrt, außer man brachte ihn so weit, von alten Fußballern wie Frank Swift, Ted Sagar, Dixie Dean oder Alex James zu reden. Er konnte sich an *alles* von ihnen erinnern, wusste aber nicht, ob es Montag oder Donnerstag war oder wo in seinem eigenen Haus sich die Küche befand.

Er schrieb immer seinen Namen. Er kritzelte ihn auf Zeitungen und Papierfetzen. Wenn ich Schulbücher mit nach Hause brachte, musste Mum sie außerhalb seiner Reichweite halten. Er hatte eine krakelige, eng stehende Schrift und wurde niemals müde, seinen Namen irgendwo hinzuschmieren. Oma sagte, es sei wie ein Barometer. Je stärker er aufdrückte, je enger die Buchstaben aneinander standen, desto schlechter ging es ihm.

Kiszko saß sechzehn Jahre für ein Verbrechen im Gefängnis, das er nicht begangen hatte, wie gerichtsmedizinische Befunde später bewiesen. Die Polizei hatte unter dem immensen Druck, den Mörder präsentieren zu müssen, tatsächlich Beweise gegen ihn gefälscht. Er wurde im Gefängnis ständig geschlagen und saß zu seiner eigenen Sicherheit die meiste Zeit in Einzelhaft. Er litt unter psychischen Problemen, weigerte sich eine Zeit lang, Kleidung zu tragen, und beschmierte sich selbst mit Exkrementen.

Nach seiner Freilassung fuhr mein Dad zufällig einmal an ihm vorbei, als er gerade seine Einkäufe die Oldham Road entlangtrug. Er sagte, Kiszko hätte beim Gehen geschlurft und wie ein ›gebrochener Mann‹ ausgesehen. Kiszko starb ein Jahr nach seiner Freilassung, seine Mutter kurz danach. Der Mann, der Lesley ermordet hatte, wurde niemals vor Gericht gebracht.*

Watford kam ins Spotland und ihr neuer Vorsitzender Elton John flog extra von Edinburgh nach Manchester, um dabei sein zu können. Ein paar Tage zuvor hatte er dem Magazin *Rolling Stone* – in einem Artikel, der weltweit von anderen Zeitungen zitiert wurde, – erzählt, dass ›nichts Schlimmes dabei sei, mit einem gleichgeschlechtlichen Partner ins Bett zu gehen‹.

Er wurde in der Ehrenloge entdeckt und fast die gesamte Sandy-Lane-Kurve wanderte geschlossen in den Stehplatzbereich vor der Haupttribüne. Die Leute waren nur wenige Meter unter ihm, nahe genug, um ihn zu berühren, wenn sie zur Stützmauer liefen und hinauflangten.

Die Fans wandten dem Spiel die meiste Zeit den Rücken zu und sangen pausenlos: ›Elton John ist schwul‹ und ›Elton Johns bisexuelle Truppe‹. Jungs kamen angerannt, um sich dem Mob anzuschließen, ohne genau zu wissen, was sie da eigentlich sangen,

* Erst am 5. November 2006 wurde der 53-jährige Ronald Castree aus Shaw, Oldham, verhaftet und erschien zwei Tage später vor dem Gerichtshof von Calder, Halifax, unter der Anklage des Mordes an Lesley Molseed zwischen dem 7. und dem 9. Oktober 1975. Er wurde in Untersuchungshaft genommen.

einfach nur dazu aufgelegt, bei dieser fröhlichen Verhöhnung mitzumachen. Es war wie eine Party: Jeder zeigte auf diese untersetzte tragische Figur im Mantel im Halbdunkel da oben und schrie sie an. Die Fans traten in einen regelrechten Wettbewerb:

»Hey Elton, du glaubst wohl, du kannst von *hinten* kommen und das Spiel gewinnen?«

Seine Nachbarn in der Ehrenloge wurden gewarnt:

»Passt auf, er ist scharf auf euch.«

Rochdale gewann 3:1.

Opa und ich gingen zum gleichen Eingang ins Spotland hinein, nämlich dem für Kinder und Rentner. Bei einem Spiel gab ihm Dad das Eintrittsgeld und er reichte es auch pflichtbewusst durch das Drahtgitter. Der Wärter drückte seinen Fuß auf das Pedal, um das Drehkreuz freizugeben. Aber Opa ging keinen Schritt vorwärts, sondern stand nur aufrecht da, den metallenen Balken gegen seine Oberschenkel gepresst.

»Gib ihm einen Stoß, Kumpel«, kam ein Ruf von seinem Hintermann.

Aber er wusste nicht, was er tun sollte, und drehte sich langsam um, sodass er nun mit dem Rücken zum Spielfeld dastand. Der Typ lehnte sich vor und schob das Drehkreuz mit seiner Hand auf, sodass Opa hineingehen konnte.

»Da geht's lang. Du hast bezahlt, um dir das Pack anzuschauen, jetzt gibt es kein Zurück mehr.«

Während der Spiele blickte er immer ins Leere und konnte sich überhaupt nicht auf das Spielgeschehen einlassen. Die Fans neben ihm quatschten ihn an:

»Das war ganz schön knapp, oder?«

Er nickte nur.

Wir mussten aufpassen, dass er nicht irgendwo ins spärlich vorhandene Publikum abhaute. Wenn er auf die Toilette ging, schlich Dad wie ein Schatten ein paar Meter hinter ihm her. Ich erklärte ihm andauernd, gegen wen wir spielten. Er fragte zwar nicht danach, aber ich fand, er sollte es wissen. Das Team in

Weiß ist Darlington. Hast du verstanden? Darlington. Wir spielen heute gegen Darlington, Opa – Darlington. Er nickte nur.

»Gegen wen spielen wir?«

»Keine Ahnung.«

Er nahm es kaum wahr, wenn Rochdale traf. Ich packte ihn am Jackenärmel und zerrte glücklich daran. Überall hüpften die Leute herum und stürzten die Stufen hinunter.

»Tor, Opa, Tor!«

»Echt?«

Am Tag nach den Plünderungen sahen wir Skip lachen und scherzen, während er an einem der improvisierten Tische in der Gruppenleiterkantine aß; wenn er nicht bei uns war, sah er komplett anders aus. Er musste von dort geholt werden, als McCluskey Petroleum ins Hackfleisch schüttete. Der rechtfertigte sich damit, dass doch das Essen schneller durch wäre, wenn man das Fleisch selbst anzündete. Skip gab uns die Anweisung, es längere Zeit zu kochen und dann das Öl von der Oberfläche abzukratzen, bis es restlos entfernt sei. Zum Abendessen blieben für jeden ungefähr drei Krümel Hackfleisch. Sie schmeckten nach Benzin.

Nach dem Lager spielte ich nicht mehr so viel mit Swanny. Ich ahnte inzwischen, wann er kommen würde, und sorgte dafür, dass ich dann nicht da war. Mum mochte ihn zwar, aber ich hatte irgendwie das Gefühl, Dad wäre es lieber, ich würde mich mit den normalen Jungs beschäftigen, die Sport trieben oder zumindest ab und zu in die Schule gingen.

Ich sah ihn erst ungefähr ein Jahr später wieder. Er stand an einer Bushaltestelle. Er war noch größer geworden, wahrscheinlich schon über einsachtzig. Sein Haar war total verfilzt. Er gab mir eine völlig zerknitterte Karte mit seinem Namen, seiner Adresse und einem kleinen Foto von ihm drauf.

»Siehst du das?«, fragte er. »Du hältst ein äußerst wertvolles Gut in Händen. Es ist eine Art Reisepass. Mit dieser Karte kann man völlig umsonst an jeden Ort im Umkreis von fünfzig Kilometern kommen. Du kannst am Morgen in Cheshire und am Nachmittag an der Grenze zu West Yorkshire sein. Genial.«

Er hatte dieses spezielle Busticket im Rahmen eines Programms bekommen, bei dem ausgewählte Jugendliche ungefähr ein Jahr, bevor sie von der Schule abgingen, ein paar Wochen in einem Unternehmen absolvierten.

»Ich habe ihnen einfach erzählt, ich soll mir verschiedene Städte anschauen, in denen ich vielleicht einmal arbeiten will, wenn ich mit der Schule fertig bin. Die überprüfen das nicht, die überprüfen gar nichts. Gestern war ich am Flughafen.«

Ich fragte ihn, was er dort gemacht hätte.

»Es gibt da einen Besucherbereich. Man kann die Flugzeuge beim Starten und Landen beobachten. Ich kenne ein paar von den Typen. Du weißt schon, die mit den Kurzwellenradios.«

Er sagte, ich könnte auch so einen Pass bekommen, wenn ich nur ein paar Wochen lang auf die Schule scheißen und dann auf die Liste gesetzt werden würde. Sobald ich einen hätte, könnten wir zusammen die verschiedensten Orte bereisen. Er holte eine Landkarte und einen Fahrplan aus seiner Tasche.

»Schau her, hier sind die ganzen interessanten Plätze drauf – historische Herrenhäuser, Parks, so was halt.«

Ich fragte ihn, ob er einen anderen Freund dafür wüsste, falls ich keine Karte bekommen sollte.

»Nicht wirklich. Aber es macht mir nichts aus, allein zu sein. Mit den Busfahrern kann man immer gut quatschen. Sie lassen mich manchmal vorne stehen, direkt neben sich. Das ist einfach unschlagbar.«

5

Agoopa goopa goopa: Ha! Ha! Ha!

Am 6. November 1976, dem Tag nach der *Bonfire Night*, nahm Rochdale fünf Busladungen Fans mit zum Spiel in Southport. Ein Fotograf vom *Rochdale Observer* wurde zu Yelloways Busstation geschickt, um den Tumult im Bild festzuhalten. Auf dem Foto reckten fast alle ihren Daumen nach oben und trugen einen Mittelscheitel, zu dessen Seiten die strähnigen Locken wie Vorhänge auf den Kragen hinabfielen.

Sie schwenkten Seidenschals und hatten sich Rosetten ans Revers geheftet. Ein Mädchen hatte sogar gleich zwei davon strategisch günstig vorn an ihrem V-Ausschnitt-Pulli platziert. Ein anderes drückte einen Teddybären. In der Mitte lächelte ein Mann mit buschigem Haar und Zapata-Schnauzer grimmig. Hinter ihm war eine rotbäckige Frau in einem Mantel. Sie sah aus, als wäre sie gerade auf dem Weg zum Supermarkt gewesen und nur zufällig mitten in diesen Affenzirkus hineingeraten, der gerade zum Herzen Southports aufbrach.

Steven Fletcher lud uns dazu ein, an dem teilzunehmen, was er »eine Mission« nannte. Er wollte an der Autobahn Richtung Manchester entlanggehen. Wir sollten dem Holzzaun soweit wie möglich folgen und dann darüberklettern, um auf der anderen Seite neben dem Seitenstreifen weiterzugehen, bis wir auf Privatgrund stießen.

Es gab nur zwei Freiwillige: Stevens jüngeren Bruder Philip – und mich. Wir stopften Obst, Schokolade und Flaschen mit blauer Limo in Plastiktüten und machten uns auf den Weg. Wir überquerten Felder mit grasenden Kühen oder Schafen. Wenn wir an Höfe oder deren Nebengebäude stießen, hüpften wir über den Zaun auf die Autobahnseite. Der Schutzwall war steil und von Bäumen gesäumt, sodass wir für die vorbeifahrenden Autos zumeist nicht zu sehen waren.

Der Boden unter unseren Füßen wurde sumpfig und meine Turnschuhe wurden braun bis hin zu den Schnürsenkeln. Nach etwa eineinhalb Kilometern fanden wir verstreut auf einem ungenutzten Grundstück ein paar Ordner mit Krankenhausakten. Wir zogen die Röntgenbilder heraus. Steven nahm eines von einem Schädel und eines von einem Brustkorb und hopste damit wie ein tanzendes Skelett vor dem Verkehr unter ihm herum.

Ganz links auf der Reisebusparty war ein muskulöser Kerl in extraweiten Schlaghosen zu sehen, die Hände tief in den Taschen seiner Karojacke vergraben. Er hatte einen Seidenschal eng um den Hals geschlungen und über seinen Opapullover drapiert. Seine Koteletten hatten die Größe eines Tresens und im Gegensatz zum Rest der Party strahlte er so etwas wie Gelassenheit aus. Der Rest war Strandgut, Mitläufer mit einem falschen Grinsen im Gesicht, doch er lächelte nicht und fuchtelte auch nicht herum. Er stand völlig ruhig und gelassen da, ganz im Bewusstsein seiner eigenen Bedeutung, seiner Coolness. Er war Moggy.

Ich selbst war nicht auf dem Foto, aber es war meine erste Fahrt zu einem Auswärtsspiel. Während wir auf die Ankunft der Busse warteten, stand ich neben Andy Marcroft und seiner Schwester Janet, die ungefähr sechzehn war. Sie hatte aus Karton ein großes rundes Abzeichen gemacht und an ihre Streifenjacke geheftet. Darauf stand: »Bob Mountford frisst Torhüter«. Ein Typ kam vorbei und glotzte darauf.

»Stimmt, Süße, das tut er«, sagte er, bevor er sich in Richtung Ende der Schlange davon machte.

Sie hätte nun lächeln können, ihm zunicken oder sich einfach mit Andy weiter unterhalten. Doch stattdessen drehte sie sich um und brüllte der verschwindenden Gestalt vor allen anderen Fans nach:

»Und zwar nicht nur zum Frühstück, sondern auch zum Mittagessen, zum Tee und zum Abendessen!«

Sie schrie das mit solchem Nachdruck, dass sich wohl manch einer fragte, was er wohl zu ihr gesagt haben mochte. Als sie fertig war, reckte sie ihren Kopf nach vorn, als hätte sie gerade etwas Lebenswichtiges getan. Bis zu diesem Punkt meines Lebens hatte ich nicht gewusst, was es hieß, zusammenzuzucken.

Am späten Nachmittag waren wir von der Latscherei ziemlich müde. Wir waren über Zubringerstraßen und durch Tunnels ausgewichen, verloren aber langsam die Autobahn aus den Augen. Die Bäume und Hecken endeten abrupt an einem großen Kreisverkehr. Wir setzten uns im Schatten der letzten paar Setzlinge ins Gras und beobachteten den Verkehr. Die Sonne verschwand hinter den Wolken und der Himmel nahm die Farbe eines drei Tage alten blauen Flecks an.

Philip entfernte sich von uns und hielt an einem Pfosten etwa fünfzig Meter weiter an. Er begann, auf ein paar große Disteln einzutreten. Er schlug mit seinen Füßen aus und erwischte die dicken Stängel in der Mitte, sodass die oberen Teile umknickten, als seien sie ohnmächtig geworden. Mit seinen Karateschlägen war er weniger erfolgreich; er führte sie von der Seite aus, beugte sich weg und tat so, als schrie er dabei japanische Wörter aus.

»Nicht schlecht, Bruce Lee«, sagte Steven, als wir ihn eingeholt hatten.

Steven rannte auf eine Distel zu und kickte sie über die Hecke. »So macht man das!«

Ein paar Minuten lang traten wir auf die Disteln ein, wobei sich ein Spiel entwickelte, bei dem wir die flauschigen Blüten oben mit einem sauberen Tritt vom Gestrüpp unten abtrennen mussten. Philip gewann mühelos. Er trug schwarze Lederschuhe, die wesentlich effektiver als unsere Turnschuhe waren. Steven hob einen Stecken auf und drosch damit auf den Boden ein. Als er fertig war, sahen wir uns die Verwüstung an. Die abgeknickten Stängel waren um uns herum verstreut, die Blütenfussel trieben übers Feld. Inmitten dieser Zerstörung stand aufrecht eine letzte verbliebene Distel. Eine Brise ließ sie leicht schwanken; sie sah nervös aus in ihrer Einsamkeit.

»Schaut euch diesen aufgeblasenen Bastard an«, sagte Steven. »Dem geb ich's!«

Er kauerte sich zusammen, bewegte sich in Zeitlupe und machte dabei ein leise summendes Geräusch. Er rieb sich die Hände und imitierte die Spiritualität eines Kung-Fu-Meisters, bevor er vom Boden abhob und seinen Fuß in den Stängel schlug. Er drückte die Distel mit seiner Ferse zu Boden, legte die Handflächen aneinander und verkündete gebieterisch:

»Friede möge auf Erden sein.«

Moggy fiel mir schon kurz, nachdem ich Rochdalefan geworden war, auf. Wenn er durch eines der Drehkreuze kam, ging ein Raunen durch das Stadion: »Moggy ist da.« Er hatte einen unverwechselbaren Gang, das Gewicht auf die Fußballen verlagert, die Hände erhoben, als ob er gleich zu Klatschen beginnen würde.

Seine Gang hielt ihr samstägliches Rendezvous auf einem schmalen Tribünenstreifen hinter dem Tor ab. Wenn er auf sein Reich zuschritt, manchmal mit einem Teller Fleischpastete mit Erbsenmus in der Hand, reckte er sein Gesicht unglaublich weit nach vorn und knurrte: »Rochdale Boys, wir sind da.« Er sah verrückt aus mit seinen hervorstehenden Augen und seinem vor Anstrengung bebenden Oberkörper. Der Funke der Schlachtgesänge entzündete sich, wenn seine Gefolgsleute laut mit einstimmten. Später grölte er mitten aus der Sandy-Lane-Kurve beim Durchbuchstabieren von ›Rochdale‹: »Gebt mir ein arrrr-a-arrrrr«. Seine Stimme war laut, tief und flüssig.

Irgendwann verschwand er dann mitten in einer Saison. Auf den Tribünen munkelte man, dass er sich laut Gerichtsbeschluss immer am Samstag um 15 Uhr auf der Polizeiwache zu melden hätte. Aber er konnte dem Spotland nicht widerstehen und es gab immer gleich einen Aufstand, wenn er bei den Drehkreuzen auftauchte. Die Jungs kletterten auf die Absperrgitter im Stadion und schauten auf den Parkplatz hinunter, wo Moggy zumeist gerade schon wieder von der Polizei abgeführt wurde. Er ging friedlich, fast so, als hätte er seine Sehnsucht schon alleine dadurch gestillt, dass er in Richtung Stadion gegangen und ihm nahe gekommen war. Manchmal wurde ihm auch Einlass gewährt. Bei Spielpausen konnte man dann seine Stimme hören. Er hatte einen Song zur Melodie von *Wandering Star* erfunden:

»Ich bin ein Kind der Sandy Lane,
ich bin ein Kind der Sandy Lane,
Messer sind zum Stechen da,
Gewehre, um zu schießen,
und bist du ein Oldhamfan,
dann gibt es Blutvergießen.«

Er sang auch immer ein Lied, in der die schöne Zeile »Agoopa goopa goopa: Ha! Ha! Ha!« vorkam. Alle lachten, sogar die Polizei. Nach seinem Lied gingen aber genau diese Polizisten in die Menge hinein und führten Moggy ab. Als er vorbeikam, sagten ihm viele Fans – selbst die, die ihn nicht persönlich kannten – Lebewohl. Manche riefen, um die Polizei zu ärgern: »Bis nächste Woche, Moggy!«

Wir machten uns wieder auf den Weg. Ein paar Minuten später rieb sich Philip den Bauch.

»Was ist los?«, fragte Steven.

»Ich glaub, ich muss auf's Klo«, sagte er.

»Zum Pinkeln?«

»Nein.«

»Hm, hier gibt's aber kein Klo. Du musst wohl ins Feld gehen.«

»Hast du irgendein Papier, das ich mir ausleihen kann?«

Ich hatte ein Taschentuch in meiner Tasche. Ich gab es ihm.

»Aber nicht schauen, okay? Geht einfach weiter.«

Wir versprachen weiterzugehen, er könne uns ja dann einholen, wenn er fertig sei. Er ging in einer Senke in die Hocke. Er flehte uns immer noch an, als er seine Hose herunterzog.

»Bitte, nicht schauen. Ich hole euch in einer Minute ein.«

Steven drehte sich um, als ginge er weiter, blieb dann aber stehen. Er wartete eine Sekunde, bevor er schreiend zurücklief. Ich trottete hinter ihm her. Ohne abzubremsen hob er seinen Fuß, trat mit seiner Schuhsohle gegen Philips Schulter und ließ ihn so nach hinten umkippen. Philip riss im Stürzen die Beine auseinander, aber seine Knie wurden von seiner Unterhose zusammengehalten. Er drehte sich und fiel unglücklich kopfüber hin. Sein Hintern und die Rückseite seiner Beine lagen weiß im Gras. Er drehte sich um, hob den Kopf und griff nach unten, um sich die Hose hochzuziehen. Er heulte und schrie, sein Bruder sei ein Oberriesenarschloch.

Rochdale bekam in der ersten Runde des FA Cups die Amateurmannschaft von Northwich Victoria zugelost. Brian Green ließ voll Zuversicht verlauten:

»Ich habe keine Zweifel daran, dass wir gewinnen werden.«

Das Spiel im Spotland und das Wiederholungsspiel in Northwich endeten unentschieden. Das zweite Wiederholungsspiel wurde auf neutralem Grund ausgetragen, im Maine Road, der Heimat von Manchester City.

City hatte normalerweise über 40.000 Zuschauer. Beim Pokalspiel waren es 4.909. Wir wurden weiträumig über die Ränge verteilt, verloren in dem weiten Rund. Es war extrem kalt. Dad und ich standen ganz oben auf der Tribüne und hielten uns an einem gefrorenen Sperrgitter fest, um nicht aus dem Stadion hinausgeweht zu werden.

Ab und zu fuhr jemand aus Dads Stammkneipe mit uns zu einem Auswärtsspiel. Meistens bei Pokalspielen oder wenn die Formkurve gerade nach oben zeigte. Wir empfanden es als ehrlos, dass sie die Mannschaft ihrer Heimatstadt nicht in allen Lebenslagen unterstützten. Es war fast so, als würden wir in ihrem Auftrag mit dem Club leiden – und wir waren erst ein paar Monate vor unserem ersten Besuch im Spotland nach Rochdale gezogen.

Ich legte immer großen Wert darauf, im Auto vorn zu sitzen; sie durften meinen Platz neben Dad nicht haben. Das Allermindeste, was wir von ihnen erwarteten, war, dass sie sich mit ihrer Meinung zurückhielten, aber sie redeten, als seien *sie* die Experten. Wenn man ihnen eine Zeit lang zuhörte, wusste man ganz genau, dass sie ihr ganzes Wissen nur aus der Zeitung hatten.

»Auswärts sind sie nicht allzu gut, nicht wahr?«

»Letzte Woche haben sie gewonnen.«

»Ja, aber zum ersten Mal seit langer Zeit. Sie müssen offensiver spielen, nicht wahr, und den Ball viel schneller in die Spitze bringen.«

Dad grunzte dann ein »klar«, was ein mehr oder weniger deutliches Zeichen war, dass er nicht reden wollte. Dem Kerl auf dem Rücksitz blieb nichts anderes übrig, als aus dem Fenster zu starren. Als wir bei einer Tankstelle rausfuhren und unser Begleiter weg war, um aufs Klo zu gehen oder sich ein Sandwich zu holen, fragte ich Dad aus. Ich fand heraus, dass er fast nichts über ihn wusste.

»Hat er Kinder?«

»Ich glaub' schon. Wahrscheinlich.«

»Wo wohnt er?«

»In Turf Hill, irgendwo bei der Josefskirche.«

»Woher kennst du ihn?«

»Ich seh' ihn ab und zu im Pub, das ist alles. Man grüßt sich halt.«

Mehr ertrug er nicht:

»Was kümmert's dich denn? Warum stellst du diese ganzen Fragen? Er ist einfach nur irgendso ein Typ, mehr nicht.«

Nach Niederlagen waren diese Eindringlinge auf dem Rückweg oft noch schlechter drauf als wir.

»Sie waren scheiße, nicht wahr?«

»Ja.«

»Den ganzen Weg, um so etwas zu sehen. Es ist eine verdammte Schande. Was verdienen sie in Rochdale?«

»Ich weiß nicht genau, sicherlich ein paar Pfund.«

»Verdammter Diebstahl. Es ist eine Unverschämtheit, wenn sie dafür überhaupt etwas wollen. Dieser Verteidiger, der blonde Bursche, war nutzlos. Absolut nutzlos. Er hätte mehr gebracht, wenn er aus der Schusslinie gewesen wäre und mit uns auf der Tribüne gesessen hätte.«

Wir verloren 2:1 nach Verlängerung gegen Northwich Victoria, ein Team aus Klempnern und Maurern, die zweimal die Woche nach der Arbeit trainierten.

»Wir wurden gedemütigt«, erklärte Green der Presse anschließend.

Dad verfiel nach dem Spiel in Schweigen und der Schmerz brannte in ihm genauso tief wie in mir. Wir waren vereint in unserer Abscheu für diese nutzlosen, herzlosen, hoffnungslosen Scheißkerle da unten im Nebel.

Beim Aussteigen sagte Dad, dass er sich morgen nicht wie sonst immer die *Manchester Evening News* kaufen würde. Ich wusste schon warum: Sie würden einen großen Bericht über das Spiel bringen, dazu Fotos, wie sich die Spieler von Northwich gegenseitig umarmten, wie sie sich in der Umkleidekabine bei den Duschen lachend und singend mit Sekt bespritzten.

Die Rochdale-Fans verließen das Stadion mit hängenden Köpfen. Ich erkannte zum ersten Mal, dass Fußballfans mehr als eine Ansammlung von Einzelpersonen waren; sie verschmolzen zu einem gemeinsamen Herzen.

An diesem Abend brach das Herz. In den folgenden drei Saisons sollten wir zweimal auf dem letzten Platz der Football League landen.

Mum arbeitete als Näherin in einer Fabrik, die Kinderbekleidung herstellte. Sie war den ganzen Tag über die Nähmaschine gebeugt und ließ Kleidungsstücke unter der Nadel durchlaufen. Ein paarmal pro Jahr brachte sie versehentlich auch ihren Finger darunter und die Nadel stach ihr in Fleisch und Knochen. Ich überredete sie, das Pflaster abzunehmen, sodass ich das Violette und Schwarze unter dem Nagel sehen konnte. Wenn es sich entzündete, badete sie den Finger und drückte den Eiter aus der Wunde.

Die Billigimporte führten in den 1970er-Jahren zur Stilllegung der Textilindustrie. Aus dem Rund-um-die-Uhr-Arbeiten wurde eine Viertagewoche, dann drei, zwei, eins, weg. Mum gefiel es nicht, keine Arbeit zu haben, und sie nahm Heimarbeitsjobs an. Ein paar Monate lang verkaufte sie Schmuck und hatte im ganzen Haus ihre Schmuckkästchen verteilt. Sie fragte mich, ob mir das Schwertlilienmuster oder die Geschwungenen mit den eingesetzten blauen Steinen besser gefielen.

»Frag mich nicht!«

Sie organisierte Schmuckpartys in den Häusern der Leute. Im Katalog hatte gestanden, sie könne innerhalb von zehn Jahren zur Millionärin werden. Aber sie war keine Verkäuferin, so wie auch die meisten anderen Frauen, die sie eingestellt hatten. Fast alle fanden in den Fabriken keine Verwendung mehr und hatten entweder Langeweile oder Schuldgefühle, zu Hause zu sein, während ihre Männer in der Arbeit und ihre Kinder in der Schule waren. Sie arbeiteten sich durch ihren Freundeskreis hindurch und hielten gegenseitig Verkaufspartys in ihren Häusern ab. Sie kauften den Schmuck (oder die Tupperware oder die Pippa-Dee-Klamotten), weil sie sich dazu verpflichtet fühlten. Die meisten von ihnen, einschließlich meiner Mutter, machten das nur ein paar Monate lang. Ihnen gingen die Freunde aus.

Die Fahrten zu Rochdales Auswärtsspielen wurden schön langsam zu einer deprimierenden Routine. Die Anreise begann noch ziemlich vergnügt, wenn Dad beim Auto Öl und Wasser kontrollierte; es erinnerte ein bisschen an die Fahrten ans Meer.

Wir waren gerne zusammen. Er war nicht der Typ für Smalltalk, sodass es längere Phasen der Stille gab, aber das machte nichts. Seine Stimmung änderte sich aber, wenn wir uns zu verspäten drohten oder das Stadion nicht finden konnten. Dann wurde er nervös. Er war auch nicht der Typ für Stadtpläne. Er sagte lieber ›Wir finden es dann schon, wenn wir erst einmal in der Richtung sind‹ oder ›Wir halten nach dem Flutlicht Ausschau, wenn wir den Stadtrand erreichen‹. Doch ein paar Minuten später landeten wir an Abstellgleisen oder Industriegebieten (die ihre eigenen Flutlichter hatten) und Dad haute angesichts seines Fehlers den Rückwärtsgang rein oder riss den Wagen rücksichtslos herum.

Zurück auf der Hauptstraße verringerte er das Tempo, wenn wir an einem Fußgänger vorbeikamen:

»Sollen wir ihn fragen, wo das Stadion ist?«

Wenn ich nicht schnell genug antwortete, zog er vorbei und grummelte:

»Ich wette, er hätte es gewusst.«

Wenn wir aber anhielten und fragten, lehnte sich Dad hinüber und hörte angestrengt zu. Ein alter Kerl, der sich nicht ganz sicher war, ob wir links oder rechts abbiegen oder doch lieber auf die Autobahn zurückfahren sollten, hob seine Mütze und schnaufte mit großem Ernst aus:

»Nun, lassen Sie mich überlegen ...«

Er hatte höchstens drei Sekunden Zeit zu überlegen, und wenn ihm das nicht genügte, gab Dad Gas und war weg. Es war, als ginge es bei dem Spiel um Leben und Tod. Das gab Dad sogar selbst zu, wenn er sich in seinen Sitz zurücksetzte und für einen Moment aufzugeben schien:

»Es geht ja nicht um Leben und Tod, oder vielleicht doch?«

Wenn er aber in diesem Augenblick etwas sah, was er für den Rückstau des Fußballverkehrs an der nächsten Ampel hielt, wurde er wieder in seinen Kampf zwischen der Uhr und der Hoffnung zurückkatapultiert. Er trat das Gaspedal voll durch und raste eine Seitenstraße hinunter.

»Komm schon, wir könnten es gerade noch schaffen.«

Normalerweise kamen wir fünf Minuten nach Anpfiff an, aber bei den Tranmere Rovers waren wir einmal so spät dran, dass wir gegen die Einlasstüren hämmern mussten, um noch reinzukommen. Es war schon fast Halbzeit und sie ließen uns umsonst hinein.

Eines Nachmittags kam ich früher als erwartet von der Schule heim. Mum war nicht gerade begeistert, mich zu sehen.

»Was machst du denn schon hier?«, schnauzte sie mich an.

»Der Lehrer war krank, darum durften wir schon vor der letzten Stunde gehen.«

»Komm rein.«

Ich ging durchs Wohnzimmer in die Küche. Auf dem Tisch stapelten sich Kartons. Es roch verbrannt.

»Was ist das denn?«, fragte ich.

»Mein neuer Job.«

»Und was ist das?«

»Sei nicht so neugierig. Ich wollte nicht, dass du davon erfährst.«

»Warum nicht?«

»Weil ich wusste, dass du deinen Senf dazugeben würdest, darum!«

Sie lötete dünne schwarze Drahtfäden zusammen. Etwa fünfzehn hatte sie schon geschafft und zu einem kleinen Stapel geschichtet. Ich fragte sie, wie viel sie dafür bekam.

»Das geht dich nichts an.«

»Doch.«

»Verdammt noch mal, nein! Ich habe hier zu tun. Ich kann hier nicht den ganzen Tag herumsitzen. Es ist ein Job, oder etwa nicht?«

Ich löcherte sie mehrmals, bis sie endlich damit herausrückte, dass sie für jeweils fünfzig zusammengelötete Drähte ein Pfund bekam.

»So, du hast fünfzehn geschafft, das sind also 30 Pence. Wie lang hast du dafür gebraucht?«

»Fast zwei Stunden.«

»Zwei Stunden? Das heißt, du bekommst 15 Pence die Stunde.«

»Ja. Aber wenn ich etwas geübter bin, werde ich auch schneller.«

Ich sagte, ich würde für so wenig Geld nicht arbeiten, worauf sie meinte, ich sei ein verzogenes Gör und hätte nicht einen Funken Ahnung davon, wie das Leben lief, nicht einen Funken Ahnung.

Als sie am nächsten Tag kamen, um den Draht abzuholen, gab sie ihnen die Kisten zurück und sagte ihnen, sie bräuchten keine neuen zu bringen. Und sie bräuchten ihr die 30 Pence, die sie ihr schuldeten, nicht zu bezahlen, sondern könnten sie behalten.

Als wir das Stadion gefunden hatten und den Wagen abstellten, änderte sich Dads Laune. Allein schon das ganze Geschrei und Gefluche fühlte sich wie ein Abenteuer an; wie eine Geschichte, die darauf wartete, später erzählt zu werden. Jetzt wollte er scherzen und durch die Straßen hüpfen, als hätte er seinen jähzornigen, schlecht gelaunten Halbbruder einfach im Wagen zurückgelassen.

Im Stadion beruhigte er sich wieder und war eine wunderbare Begleitung. Er konnte ein Fußballspiel intuitiv lesen, sodass seine Kommentare treffend und intelligent waren. Er lehrte mich, die Details eines Spiels wahrzunehmen. Er sah, nachdem der Ball schon längst woanders war, wie der Abwehrspieler wieder auf die Beine kam und sich die Wade rieb.

»Er hat einen Tritt abbekommen, als der Ball schon gespielt war. Ihr Neuner war's.«

Wenn die anderen Zuschauer einen bestimmten Spieler kritisierten, sah er das oft aus einer ganz anderen Perspektive.

»Er musste den ganzen Nachmittag aussichtslosen Bällen hinterherjagen. Wie können sie nur über ihn jammern, wenn er nicht einen einzigen genauen Pass bekommen hat?«

Er textete mit seinen Kommentaren nicht wie viele andere Zuschauer seine Nebenleute zu. Sie waren nur für mich. Die meisten Fans überflogen ein Fußballspiel nur; er las jede Zeile.

Durch das Formtief nach der Niederlage gegen Northwich stürzte Rochdale in der Liga ab und musste drei der letzten Heimspiele der Saison vor weniger als jeweils 1.000 Zuschauern austragen. Sie entgingen dem Abstieg nur um zwei Punkte.

Brian Green war angetreten wie alle Trainer vor ihm – unbekümmert, entschlossen, mit stolzgeschwellter Brust und dem unerschütterlichen Glauben, er könne aufrecht durch den Sumpf dauerhaften Misserfolgs gehen. Doch als die Monate so verstrichen, muss er wohl langsam die Bürde seines schweren Erbes wie verpestete Atemluft gespürt haben.

Der heiße, stickige Sommer 1976 war erst zehn Monate her und doch schon eine Ewigkeit entfernt. Als er den Job angenommen hatte, war er sich zweifellos sicher, den Club mit seinem Charme und seiner Begeisterung von seiner Vergangenheit befreien zu können: Fleiß, Herzblut, eine Taktik, ein bisschen Glück hier und da – und nun war plötzlich Feuer auf dem Dach. Wenn er jetzt jeden Abend vom Spotland heimfuhr, wird er wohl in Einsamkeit versunken sein. Die Mannschaft verlor kontinuierlich; das Stadion war marode; Geld war keines da; die Fans beschwerten sich; und die Spieler ließen ihn im Stich, Spiel für Spiel.(Er wusste, dass sie keine absoluten Überflieger waren, aber mehr als das hätte er schon erwartet.)

In seinem Büro war das Dach undicht; die Zentralheizung fiel den halben Tag ohne ersichtlichen Grund aus; die Teilzeitverwaltungskraft war wieder einmal krank; die Holzpaneele in der Schiedsrichterkabine hingen von den Wänden; der Hausmeister war sauer, weil der Sandeimer für die Zigarettenstummel in der Teestube umgestoßen worden war.

Rochdales Auswärtsform war eine absolute Katastrophe. In den späten 1970ern gewannen wir im Laufe von achtzig aufeinanderfolgenden Ligaspielen nur fünf Auswärtsspiele. Üblicherweise sahen Dad und ich Rochdale hoch verlieren: 0:5, 0:4, 1:5, 1:4.

Wir waren Teil einer kleinen Gruppe Gästefans, die über die Betontribünen verstreut war. Anfangs feuerten wir die Spieler beim Aufwärmen vor dem Spiel noch an.

»Auf geht's, macht sie fertig, Jungs!«

Sie machten sie nicht fertig. Sie wurden fertiggemacht. Eins-null, zwei-null, eine vergebliche Reise. Wenn wir in Ballbesitz waren, schlugen wir ihn ziellos nach vorn. Unsere Gegner merkten schnell, dass sie gegen ein Team antraten, das bar jeglichen Selbstvertrauens und Könnens war. Sie mussten nur mit dem Ball in den Strafraum eindringen und schon sensten unsere nervösen, unbeholfenen Verteidiger sie um – Elfmeter. Der Ball wurde in unser Netz gedroschen und oft holte ihn der Schütze und lief damit in unsere Richtung. Er hob seinen Arm und lächelte sarkastisch. Bei ihrem dritten oder vierten Tor begann sie das Jubeln zu langweilen. Es war ja nur Rochdale, gegen Rochdale konnte ja jeder treffen.

Dad und ich schluckten unsere Wut zumeist hinunter, aber um uns herum schrien die Fans sie angewidert heraus.

»Ihr seid ein Haufen Scheiße, Rochdale! Ich weiß gar nicht, warum wir uns das antun.«

Wenn wir danach grummelten und auf dem Parkplatz Kieselsteine wegkickten, gingen die Rochdale-Fans aneinander vorbei und schüttelten die Köpfe. Wir waren meilenweit von zu Hause entfernt, wussten nicht, wie wir wieder auf die Autobahn kamen, hatten Angst, die Fans der Heimmannschaft könnten uns angreifen. Und wenn wir nach einer schweren Niederlage heimkamen, lachten uns die Leute aus und sagten, wir wollten wohl ›in die Klapsmühle‹.

Oft waren die Zustände und die Einrichtungen der anderen Stadien ebenfalls schrecklich. Der Gestank wehte von den Toiletten her über die Tribünen. Die meisten Gästetribünen hatten kein Dach, sodass wir bei Regen nass wurden, während uns die Heimfans zumeist von den danebenliegenden überdachten Tribünen aus verhöhnten. Es gab geschmacklose, kalte Pasteten, oftmals aus einem Lieferwagen heraus, in dessen Karosserie einfach eine Durchreiche geschnitten worden war. In Port Vale sah ich einen Typen, der in eine Pastete biss und sie sofort darauf wegschmiss.

Warum taten wir uns das an? Warum ketteten wir unser Schicksal an ein Team, das uns immer und immer wieder deprimierte und fertig machte? Wir waren unterprivilegierte Versager, die sich leichenblass und verwahrlost auf Parkplätzen in seltsamen Teilen Englands trafen, ihrer Worte verlustig, ihrer Hoffnung beraubt. Welch seltsame Persönlichkeit mussten wir haben, um diesem bösartigen Fußballclub treu zu sein?

6

Langsam bricht die Nacht herein

Brian Green hatte eine Idee und war überglücklich, sich mit dem Mann vom *Rochdale Observer* zu treffen, um sie ihm genau zu erklären. In der vorangegangenen Saison hatte er die Reservemannschaft von Manchester United, ein Team, das mit sechs Nationalspielern bestückt war, vor siebzig Leuten spielen sehen.

»Um wie viel besser wäre es doch, wenn sie vor einer angemessenen Kulisse in der Football League spielen würden?«, überlegte er. »Sie blieben auf Zack, sie müssten sich fit halten und sie blieben bissig.«

Green sprach sich dafür aus, dass unterklassige Clubs zu Einrichtungen werden sollten, die bestimmten Topclubs »zufütterten«. Er setzte hoch spekulativ auf Manchester United und wies darauf hin, dass das Spotland eine ideale »Vorschule« für ihre jüngeren Spieler und eine perfekte Heimat für erfahrene Mannschaftsmitglieder mit fehlender Spielpraxis sei.

Seine »Formel, um eine Fußballrevolution in Gang zu setzen« führte zu gar nichts, obwohl sie als Hypothese immer wieder mal auf die Tagesordnung des Sports gesetzt wurde.

Während viele Rochdale schon abschrieben, blieben die »Boot Boys« loyal. Wenn wir zu nahe gelegenen Stadien wie Tranmere, Crewe, Halifax, Chester, Stockport oder Bury fuhren, bildeten sie die Mehrheit des mitreisenden Anhangs. Das hieß, dass der Club zwei klar abgegrenzte Arten von Fans hatte – junge Männer auf der Suche nach Randale und Opas, Papas, Mamas und Kinder. Auf den Tribünen standen sie voneinander getrennt, aber sie kannten sich durch ihre Familien oder über die Arbeit. Wenn ein Junge vorbeikam, Schals um die Handgelenke und die Taille, den Kopf rasiert, mit strengem Blick, dann konnte es sein, dass jemand rief:

»Hey, Tony! Wie geht's deiner Mum – wieder besser?«

Dann wurde er plötzlich verlegen und versicherte sich, dass seine Kumpels auch ja nicht herschauten.

»Äh, ja, ihr geht's wieder gut.«

»Sag ihr, dass ich mich nach ihr erkundigt habe, ja?«

»Klar, mach ich.«

Die Leute sagten, die Hooligans würden sich nicht für Fußball interessieren und gingen »nur wegen des Ärgers« hin, aber ihr Verhalten korrespondierte mit den Geschehnissen auf dem Spielfeld. Ein pathetischer Schiedsrichter oder ein rücksichtsloser Verteidiger, der unsere Spieler umsenste, zog ihren Zorn auf sich. Wenn wir trafen, gerieten sie in Ekstase, umarmten sich gegenseitig wie verrückt, ballten die Fäuste. Wenn wir ein Tor kassierten, verfielen sie in Schweigen und beobachteten mit hasserfüllten Augen ihre auf der anderen Seite des Zaunes feiernden Gegner. Sie bewegten sich auf sie zu, knurrten sie an und schrien ihnen zu, sie sollten das Maul halten, sonst würden sie ihnen die Schädel eintreten.

Wenn wir hoch verloren, verließen sie oft das Stadion, um sich gegnerische Fans herauszupicken. Bei einem Spiel gegen Crewe zogen sie ungefähr zehn Minuten vor dem Ende scharenweise ab. Die Ränge waren auf einmal verwaist. Ein paar Sekunden später hörten wir Geräusche hinter der Tribüne – ein Gebrüll, schreiende und kreischende Leute, Knalle, zerberstende Fensterscheiben.

Im Sommer 1977 wurden vier neue Spieler verpflichtet. Einer davon war David Esser. Eine riesig aufgeblasene Dauerwelle schmückte ihn, sodass er auf dem Mannschaftsfoto an der Seite stehen musste, um keine Mitspieler zu verdecken.

Esser war außergewöhnlich klein und hatte stämmige Beine. Durch die Dauerwelle wirkte er fast doppelt so groß, wie er war. Wir merkten bald, dass er von aufbrausendem Temperament war;

in den Freundschaftsspielen vor der Saison brannte er förmlich vor Einsatzwillen. Ich fragte Dad, ob das Wort »Esser« irgendeine Bedeutung hatte. Er erklärte mir, dass es eine Art Waldlebewesen sei, vom Temperament her dem Wiesel ähnlich, aber mit schärferen Zähnen und stärkeren Kiefern. Also so etwas, was man nicht unbedingt um sich herum haben wollte.

Dad hatte nicht meine Intuition. Er bemerkte es gar nicht, wenn gegnerische Fans unter uns waren.

»Gehen wir lieber auf die andere Seite«, sagte ich.

»Warum, siehst du hier nicht gut?«

»Nein, nicht darum.«

»Warum dann?«

Ich zeigte auf die Gang, die sich nur wenige Meter von unserem Stehplatz entfernt versammelt hatte.

»Die werden gleich zu schlägern beginnen.«

»Gehören die nicht zu Rochdale?«

»Nein.«

Bei einem Spiel »eroberten« die Fans von Cardiff City die Sandy-Lane-Kurve. Sie hatten sich auf die Hauptgruppe der Rochdale-Fans gestürzt und sie auf die andere Seite des Spielfelds getrieben. Die einzigen verbliebenen Rochdale-Fans waren die Älteren und die Kinder. Die Cardifffans waren enttäuscht, dass ihr Einsatz so schnell beendet war. Ganz spontan zettelten sie einen Steit mit den altgedienten Fans an, die noch da waren. Sie rempelten einen von ihnen an. Der alte Kerl beschwerte sich in dem Irrglauben, es handle sich lediglich um einen Streit zwischen dem Rempler und einem anderen Tollpatsch:

»Pass doch auf, Junge!«

Was er nicht wusste: Der Cardifffan hatte seine Begleiter dabei, die raffinierterweise einen Kreis bildeten und nur darauf warteten, dass der Streit eskalierte. Der Cardifffan gab sein Getränk einem Freund und schob sein Gesicht weit vor:

»Halt die verdammte Fresse, Opa!«

Der war perplex, hob instinktiv die Arme und schob den jüngeren Mann weg. Der Cardifffan, zufrieden mit diesem eindeutigen Widerstand, schlug ihm glatt seitlich ins Gesicht. Der alte Mann schluchzte auf und griff in seiner Tasche nach einem Taschentuch, dass er gegen seine Wange halten konnte.

Dad hatte den größten Teil dieses Vorfalls verpasst, aber dieser blitzschnelle Hieb fiel ihm dann doch auf. Als sich die ersten zusammentaten und es einen dumpfen Schlag tat, gab Dad einen komischen Laut von sich. Es war kein Wort, eher eine Mischung aus einem Ruf und einem Kreischen. Ich griff nach seinem Mantel und zog fest daran.

»Lass es, Dad.«

»Er hat gerade den alten Mann geschlagen!«

»Ich weiß. Aber sie suchen doch nur Streit.«

Die Cardifffans schauten herum, wer denn das Geräusch gemacht hätte. Sie konnten es nicht genau ausmachen und gingen an uns vorbei in Richtung Mitte der Tribüne. Dad kümmerte sich zusammen mit ein paar anderen Rochdale-Fans um den alten Mann. Er zitterte und hielt den Kragen seines Mantels fest, als ob er sich damit vor dem Auseinanderfallen bewahren wollte.

Die Tom Mellor (Ford) Ltd wurde Rochdales allererster Sponsor. Roger Fielding, der kaufmännische Geschäftsführer des Clubs, gab bekannt, dass sie vor dem Ligapokalspiel gegen Halifax Town eine Party für Mellor schmeißen würden – ein Essen im Crimble Hotel, bei dem es dann auch Freikarten für das Spiel gäbe.

»The Garage«, Rochdales wichtigster Fordhändler, versprach dem *ersten* Rochdalespieler, dem in dem Spiel ein Hattrick gelingen würde, einen Ford Fiesta im Wert von 2.000 Pfund. Da es schon sieben Jahre her war, dass zuletzt überhaupt jemand einen Hattrick für Rochdale erzielt hatte, und geschlagene einundfünfzig Jahre, dass gleich zwei Spielern dieses Kunststück in einem Spiel gelungen war, war die kleine Einschränkung wahrscheinlich nicht unbedingt nötig, dass nur die Tore eins bis drei stilvoll nach Hause fahren konnten.

Die meisten aus unserer Straße gingen freitagabends zum Jugendclub von St. Lukas. Wir rannten in die Nebenzimmer rein und wieder raus, rempelten einander an, spielten auf der Bühne den Prediger oder jagten einander über den staubigen Gang. Regelmäßig brachen Kämpfe aus. Ein Junge rannte mit blutender Nase zur Toilette, eine Spur roter Spritzer hinter sich her ziehend. Andere fanden Besen im Lager und galoppierten damit wie bei einem Ritterturnier herum. Triumphierend wurden Neonröhren geschwenkt, bis endlich ein Gruppenleiter einschritt:

»Leg das weg, hörst du? Sofort! Die Dinger können explodieren!«

In dem großen Raum über dem Saal befand sich ein Karateclub, und wir durften dort unter gar keinen Umständen hingehen. Doch eines Freitags entwischten Steven Fletcher und ich den Übungsleitern. Fletcher presste sein Gesicht an die Scheibe in der Tür zum Trainingsraum und ich warf einen verstohlenen Blick über seine Schulter. Die Karateka hatten weiße, weit geschnittene Anzüge an und schnitten bei ihren Übungen seltsam angestrengte Grimassen. Steven meinte, sie sähen aus, als ob sie gerade scheißen würden.

Er begann, sie zu imitieren, zuerst nur für mich, aber dann so, dass sie ihn alle sehen konnten. Doch plötzlich erstarb sein Kichern und Steven wurde kreidebleich. Der Vereinsvorsitzende – der Typ, den wir Karate Joe nannten – hatte ihn entdeckt. Die Tür flog auf. Ich hatte mich schon zum Wegrennen umgedreht und flitzte die Stufen hinunter, als mich Steven etwa einen Meter über dem Boden überholte. Er krachte gegen die Wand und sackte in sich zusammen. Oben stand Karate Joe und bebte vor Wut.

»Sie haben euch doch tausendmal gesagt, dass ihr hier oben nichts verloren habt!«

»Verpiss dich!«, schrie Steven und rieb sich den Hintern.

»Wenn ihr hier noch einmal hoch kommt, kriegt ihr mehr als nur einen Tritt in den Arsch. Habt ihr verstanden?«

»Ich hetz' dir meinen Dad auf den Hals. Den interessiert die ganze Kung-Fu-Scheiße nicht. Der verprügelt dich einfach!«

Im Spotland schlossen wir mit den Leuten um uns herum Bekanntschaft. Normalerweise geschah das wortlos: ein Nicken, ein kaum hörbares »Alles klar?«. Manchmal hörten wir auch, wie jemand mit seinem Namen angesprochen wurde, den wir ein paar Saisons lang ebenfalls benutzten, aber wir wären nie auf den Gedanken gekommen, sie nach ihren Nachnamen oder ihren Jobs oder ihren Familienverhältnissen zu fragen.

In einer Saison standen wir in der Nähe zweier Typen, die beide John hießen und die Dad und ich unter den Namen Hühnchen-John und Blasen-John kennenlernten. Hühnchen-John trug eine dicke oberschenkellange Jacke, die um den Kragen herum und am oberen Abschluss der beiden großen Taschen ein schäbiges, vergilbtes Schaffell hatte. Bei jedem Spiel pfropfte er sorgfältig in Alufolie eingewickelte Hühnchenteile in die Taschen. In der Halbzeit suchte er sich dann einen Platz hinter der Tribüne und wickelte das Huhn aus. Dazu entfernte er sich möglichst weit von der Gruppe, so als nähme er an einem urzeitlichen Ritual teil. Wenn die Lautsprecherdurchsagen beendet waren, konnten wir das Geräusch zersplitternder Knochen hören und anschließend sehen, wie sich John die Lippen leckte und an seinem Mantel oder der Wand das triefende Fett von seinen Händen abwischte.

Einmal kam ein junger Kerl vorbei, der solcherlei Sitten noch nie zuvor gesehen hatte. Er sprach seine Gedanken frei aus:

»Was machst du denn da?«

John war über dieses Eindringen in seine vermeintliche Privatsphäre ziemlich wütend.

»Nach was schaut es denn aus? Ich esse mein verdammtes Mittagessen!«

Blasen-John trank vor jedem Spiel so viel Bier, dass er die meiste Zeit damit zubrachte, von der Tribüne zu den Toiletten zu schlurfen. Wenn er dann doch einmal das Spiel verfolgte, schwankte er leicht und man konnte den Alkohol förmlich in seinem Magen herumschwappen sehen, während er diesen mit sanften Reibebewegungen seiner Handflächen hegte und pflegte, unterbrochen nur von gelegentlichen Rülpsern.

Ungefähr eine Minute bevor er zur Toilette aufbrach, schaute er sich immer um und verlagerte das Gewicht von einem Fuß auf den anderen. Bei diesem Anblick glaubte man immer, man müsse selbst gleich aufs Klo. Er hatte seine Lieblingsroute – ein paar Meter hinüber, dann beim Drehkreuz links abbiegen, hinunter zum Kiesweg beim Spielfeld unten. Bei seinem dritten oder vierten Gang innerhalb eines Spiels rief irgendwann ein Fan von den oberen Rängen herunter:

»Hey, Shorty! (Blasen-John war nur knapp einssechzig groß.) Was läuft denn da zwischen dir und dem Pissbecken?«

John lief einfach weiter, wandte aber betrunken seinen Kopf herum, um herauszufinden, woher die Stimme kam. Doch noch bevor er antworten konnte, kam schon ein weiterer Ruf von oben:

»Lass doch den armen Kerl in Ruhe. Wahrscheinlich macht es halt mehr Spaß, ins Pissbecken zu starren als auf den Haufen da unten auf dem Spielfeld.«

Das Unvermeidliche passierte. Der leicht reizbare Esser übertrieb es. Nach nur dreißig Minuten des Ligapokalspiels gegen Halifax Town wurde er wegen einer Schlägerei vom Platz gestellt. Doch der Schiedsrichter John Hough eröffnete uns eine völlig neue Sichtweise auf sein Fachgebiet, als er anschließend der Presse erzählte:

»Das war alles andere als eine Schlägerei. Das war ein wohlkontrolliertes Gerangel, sonst nichts. Ich habe den Spielern sogar geraten, auch daran teilzunehmen.«

Das Spiel endete unentschieden, wobei Alan Tarbuck Rochdales Tor mit der Nase erzielte, nachdem der Ball in sein Gesicht gedroschen worden war.

Geoff Morley besuchte noch den Jugendclub, obwohl er schon beinahe alt genug war, um in den Pub zu gehen. Er war groß und hatte lockiges rotes Haar. Während einer Pause winkte er unser Grüppchen herüber, als einer der Gruppenleiter einen Servierwagen mit Orangensaft und einem riesigen Teller Kekse in den Saal schob.

Morley lehnte an einer Heizung. Er hatte seinen Freund Carl dabei, der niemals sprach, aber andauernd kicherte, einfach so.

»Kommt her, Jungs, hier könnt ihr was lernen«, sagte Morley.

Wir stierten ihn an.

»Wisst ihr, was eine Muschi ist?«

Wussten wir nicht. Geoff lachte. Carl kicherte.

»Okay. Und wisst ihr, was eine Klitoris ist?«

Er sagte Klitoris ganz langsam, begann das Wort fauchend und zog es dann so in die Länge, dass es erst nach einigen Sekunden ausgesprochen war. Nein, wir wussten auch nicht, was eine Klitoris war.

»Dacht' ich's mir doch. Gut, probieren wir's damit: Wisst ihr, was eine feuchte Möse ist?«

Nein.

»Das sind alles Namen für die Fotze einer Frau, ihr Schwachköpfe!«

Ich fuhr mit Dad nach Halifax zum Wiederholungsspiel im Ligapokal. Es war an einem Spätsommerabend. Wir gewannen 2:1. Auf dem Rückweg fuhren wir an Stauseen, Wäldern und unwirtlichem Moorland vorbei. Am petrolblauen Himmel über uns brach langsam die Nacht herein. Es fühlte sich gut an, endlich mal wieder auswärts gewonnen zu haben.

Als wir zu Hause ankamen, hatten gerade die Nachrichten im Fernsehen begonnen. Dem Nachrichtensprecher wurde ein Stück Papier gereicht. Er machte eine kurze Pause, seine Konzentration war sichtlich beeinträchtigt.

»Wir erfahren gerade, dass Elvis Presley, Millionen als King des Rock 'n' Roll bekannt, gestorben ist. Sobald wir nähere Informationen haben, geben wir Ihnen diese weiter.«

Elvis war der Held meines Vaters gewesen, er war in unserem Haus allgegenwärtig wie ein großer Bruder. Seine Musik weckte uns morgens auf; nachts zog sie die Treppen hoch. Dad kaufte die LPs, wenn wir im Urlaub oder bei Tagesausflügen im Woolworth waren. Er hatte auf dem Treppenabsatz einen Spiegel, der in grob gerasterten Punkten Elvis in seiner Armeeuniform zeigte. Er zuckte mit den Achseln.

»Ich habe ja immer noch seine Platten.«

Kurz danach kam eine andere Meldung in den Nachrichten, die der vorigen widersprach. Immerhin könne es sein, dass er doch nicht tot war. Dad machte sich auf dem Weg in den Pub. Ich blieb mit Mum zurück. Ich konnte es nicht fassen, dass er nicht geblieben war, um es definitiv zu wissen.

»So ist er halt, dein Dad.«

Wir verbrachten mehrere Saisons in der Nähe der »Radiomänner«, dreier Typen, die sich ein winziges Transistorradio teilten. Sie hatten lange ausdruckslose Gesichter, die wirkten, als seien sie nach einem noch feuchten und klebrigen Polaroidbild modelliert worden. Sie verfolgten zwar unsere Spiele, widmeten sich daneben aber auch intensiv den Informationen – vor allem über Tore in den anderen Spielen – aus dem Radio. Wenn derjenige, der das Radio gerade an seinem Ohr hatte (sie wechselten sich ab), auch nur einen Hauch von Aufregung verriet, steckten sie sofort die Köpfe zusammen wie eine Doo-Wop-Gruppe, die gleich zu singen anfangen würde.

Bei einem Spiel wurden wir Zeuge, wie ein Cartoon zum Leben erweckt wurde. Als ich ein kleiner Junge gewesen war, hatte mir Dad oft ein lustiges Männchen zum Ausmalen gezeichnet. Er hatte immer wieder das gleiche gemalt; es war einfach das einzige, was er zeichnen konnte. Es war ein alter Kerl mit einer großen Stirn, sehr wenigen Zähnen, kleinen Knopfaugen und einem runden Kinn. Dad zeichnete ihn im Profil, mit einer schlaff aus dem Mund hängenden Zigarette und einem Filzhut, der auf seinem Hinterkopf saß wie bei einem Gangster aus einem alten Schwarzweißfilm.

Wir sahen uns gerade das Spiel an, als ein Kerl in einem langen Regenmantel vor uns stand und zum Imbissstand hinüberschaute. Er trug Klamotten, die in eine andere Epoche gehörten, und er zappelte herum, zuckte mit den Schultern und schob die

Hände in die Taschen rein und raus. Ich schaute Dad an. Seine Augen funkelten. Dann zerriss es uns beide vor Lachen. Es war der Mann aus dem Cartoon.

Rochdale bekam im Ligapokal ein Heimspiel gegen Leeds United. Leeds war drei Jahre zuvor Meister gewesen und hatte im Jahr danach im Europacupfinale gestanden. 20.000 Zuschauer wurden erwartet, alle verfügbaren Tickets sollten verkauft werden. Brian Green sprach zur Presse:

»Wir werden vor ausverkauftem Haus spielen, das ist klar. Wenn nicht diesmal, dann läuft im Fußball etwas gewaltig schief.«

Der *Rochdale Observer* druckte ein Foto der Schlange vor dem Kassenhäuschen ab, die sich über die gesamte Länge der Haupttribüne hinzog. Ungefähr dreißig Gesichter waren auf dem Bild zu erkennen; ich kannte aber kein einziges davon.

Johno war der erste in unserer Clique, der sich ein CB-Funkgerät gekauft hatte. Es langweilte ihn ziemlich schnell. Er begann, sich in die Gespräche gutmütiger Trucker (oder Leute aus der Nachbarschaft, die sich als gutmütige Trucker ausgaben) einzuklinken, die – gespickt mit Fachausdrücken – über Pylonen, »Abfangjäger« (also Polizisten) und die Verkehrslage auf der Autobahn diskutierten.

»Hey, wer ist dran?«, schrie Johno.

Man musste »Roger« sagen, um mit jemandem zu sprechen.

»Nun, mein Freundchen, hier ist Bill, der Bandit, der gerade nördlich von Monkey Town einen kleinen Plausch mit Törtchenkruste hält. Und, wer gesellt sich denn da zu uns?«

»Ich.«

Ein herablassendes Lachen knisterte durch die Leitung.

»Okay Freundchen, aber wer ist ›ich‹?«

»Ich, Eimer.«

»Aha, Eimer also. Wie viele Kerzen brennen denn bei dir?«

Das war der Code für die Frage nach dem Alter. Noch bevor Johno antworten konnte, sprach Bill, der Bandit weiter:

»Kannst du mir kurz sagen, wie stark ich rüberkomme, fünf-vier-drei-zwei-eins?« (CB-Funker fragten andauernd nach der Stärke ihres Signals. Eine Art Sprachtick.)

»Ich habe heute gar nicht Geburtstag«, kicherte Johno.

»Nein, mein Sohn, ich frage dich nach deinem Alter.«

»Warum willst du das wissen? Willst du mich vögeln oder so was?«

»Jetzt pass aber mal auf, Eimermaul!«

»Verpiss dich!«

Der entspannte amerikanisierte Singsang von vorhin wich schlagartig dem ungehobelten nordenglischen Knurren.

»Geh sofort aus der Leitung, verstanden? Wenn ich herausfinde, wo du wohnst, schau ich bei dir vorbei und schlag dich windelweich.«

Während Bill, der Bandit seine Drohungen ausstieß, kreischte Törtchenkruste:

»Eimermaul auf Kanal 17, wiederhole, Eimermaul auf Kanal 17! Achtung: Kanal 17 umgehen!«

Johno äffte ihn nach:

»Achtung, schwule Truckerbastarde reißen auf Kanal 17 Jungs auf! Alarm, Warnung vor schwulen Lastwagenfahrern! An alle Wagen, alle Wagen!«

Ich stand nicht in der Schlange für die Tickets gegen Leeds, weil das Spiel genau in die Woche fiel, in der ich einen Schulausflug zu einem Erlebnispark mitten in Wales machte.

Wir stiegen auf die Spitze des Cader Idris und surften auf dem Geröll wieder hinunter zu einem klaren blauen Tümpel. Wir paddelten in der Mündung des Mawddach und spielten an einem wunderschönen Spätsommerabend auf einer Lichtung zwischen den Bäumen Baseball. Nach Einbruch der Dunkelheit flirteten wir mit den Mädchen, gingen mit ihnen am Waldrand entlang, wagten es sogar, nach ihren Händen zu greifen und ihnen unsere Gefühle zu gestehen. Doch in etwa so, wie ein greller Kamerablitz noch eine ganze Zeit lang nachblendet, so musste ich die ganze Zeit an das bevorstehende Spiel gegen Leeds denken.

Alles war ganz anders als in der Schule: Die Mädchen sprachen mit uns, und sie hörten uns zu. *Konnten wir vielleicht einen Überraschungssieg landen?* Sie waren offen, gerne in unserer Gesellschaft, anstatt wie sonst zu ihren Freundinnen oder den Gang hinunter zur nächsten Mathestunde zu rennen. *Vielleicht ein Unentschieden und ein Wiederholungsspiel an der Elland Road?* Jackie und Kathy sowie John und ich gingen überall zusammen hin. *Wenn wir die ersten zwanzig Minuten ohne Gegentor blieben, würde es das Selbstbewusstsein stärken und wir konnten vielleicht den Sieg davonstehlen.* Zum ersten Mal hatte ich das Gefühl, dass es vielleicht Leute (und sogar Mädchen) gab, denen es egal war, wenn du recht still und ein bisschen schüchtern warst. Dass das Leben nicht so wie in der Schule war, dass es okay war. Am Donnerstagmorgen gelang es mir, Dad anzurufen, um das Ergebnis zu erfahren.

Wir hatten 3:0 verloren, und das vor nur 8.664 Fans. Unser etatmäßiger Verteidiger Paul Hallows war für das Spiel gesperrt gewesen und Ted Oliver, ein 16-jähriger Nachwuchsspieler, hatte seine Position eingenommen. Dad sagte, er hatte sein Bestes gegeben, aber auf völlig verlorenem Posten gestanden.

Ein paar von uns gingen nach Barmouth, wo ich eine Zeitung kaufte. Rochdale hatte es bis in die Schlagzeile auf der letzten Seite des *Daily Mirror* gebracht: »Oliver Twisted«.*

Die beiden »Trucker« sagten, sie würden es »neun runternehmen«. Das hieß, sie gingen neun Kanäle tiefer, um ihr Gespräch wieder aufzunehmen. Johno schaltete sich wieder ein. Es war, als wären sie Zeugen eines Mordes geworden. Sie flüsterten:

»Bist du da, Törtchenkruste?«

»Ich bin da.«

---

* Die ersten Runden des Ligapokals sind den Zeitungen heutzutage kaum noch einer Erwähnung wert; es ist harte Arbeit, die Ergebnisse dort überhaupt herauszufinden. Die Spitzenclubs behandeln den Wettbewerb so respektlos, dass sie bis zu den späteren Runden nur ihre Ersatzspieler einsetzen. Schämt euch!

»Bist du in Ordnung?«

»Ja, mir geht's gut.«

»Das hat's nicht gebraucht, oder?«

Johno konnte nicht widerstehen. Triumphierend platzte er wieder in ihr Leben hinein.

»Hey, ihr Mistkerle, hört auf, euch selbst leid zu tun. Eimer ist wieder da!«

Bill, der Bandit verlor die Kontrolle.

»Verpiss dich, kapiert? Verpiss dich einfach! Ich komme und hol dich, Eimer! Ich weiß, wo du wohnst.«

Johno schaltete vorsichtshalber das Radio aus; er hatte Gerüchte über CB-Funker mit »Superantennen« gehört, die tatsächlich Leute aufspüren konnten.

Nach der Niederlage gegen Leeds berief Brian Green eine Pressekonferenz auf Spotlands Spielfeld ein. In Gedanken sah ich ihn vor mir, umringt von Reportern, die Tribünen inzwischen leer. Er schüttelte ungläubig den Kopf: nur 8.664 Fans, die Leeds United sehen wollten, ein Team voller Nationalspieler, und das an einem milden Augustabend.

»Es war empörend«, sagte er. »Wenn wir die Leute nicht einmal dazu motivieren können, eine der besten Mannschaften der Welt zu sehen, welche Chance sollten wir dann im grauen Alltag bei den Spielen gegen Doncaster und Huddersfield haben? Ich bin denen, die gekommen sind, sehr dankbar, aber was können wir nun tun? Mir fehlt die Antwort.«

Man kann es sich fast nicht anders vorstellen als so: Er ist wieder in seinem Büro, lehnt sich in seinem Sessel zurück und seufzt, als es an der Tür klopft.

»Hast du mal eine Minute Zeit, Brian?«

Zehn Tage später gab Green bekannt, dass er Rochdale verlassen würde, um als Trainer der Zweiten Mannschaft zu Leeds United zu gehen. Er sagte es den Spielern nach der 3:0-Niederlage bei Swansea City, einer Niederlage, die sie ans Tabellenende zurückwarf. Er sagte, der Club hätte »als Basis eine Mannschaft, die sich in der Vierten Division durchaus behaupten kann, wenn man sie erst einmal richtig geformt hat.«

In Gedanken an zu Hause und an Dale, Barmouth, 1977.

7

Die Freude an den kleinen Dingen

Als Mum und Dad den Urlaub gebucht hatten, war es ihnen vermutlich nicht weiter aufgefallen, dass es sich beim Anbieter um eine christliche Einrichtung handelte.

Nachdem wir ein paar Tage dort waren, freundeten wir uns mit zwei Männern von etwa Anfang zwanzig an, mit Andy und Clive, die dort ebenfalls in Urlaub waren. Sie spielten mit uns und es kam uns auch nicht komisch vor, dass sie ungefähr zehn Jahre älter als wir waren. Sie waren liebenswürdig, vertrauenerweckend und gut gelaunt. Sie erzählten uns, dass sie Christen waren, und ein paar von uns begannen, sie in ihrem Häuschen zu besuchen und sie über Gott und die Bibel auszufragen.

Am letzten Abend las uns Andy ein Gedicht mit dem Titel *Fußspuren* vor. Es ging darin um einen Mann, der träumte, mit Gott an einem Strand entlangzugehen, während Szenen aus seinem Leben am Himmel aufleuchteten. Während der traurigsten Zeiten bemerkte der Mann, dass es nur ein Paar Fußspuren im Sand gab.

»Er fragte, ob Gott ihn da verlassen hatte«, sagte Andy. »Aber Gott antwortete, dass er ihn nie verlassen würde und dass er während der Zeiten von Not und Leid deshalb nur ein Paar Fußspuren sah, weil er ihn da getragen hatte.«

Er klappte das Buch zu, und als die Seiten aneinanderschlugen, hörten wir ein Schniefen. Stephen Killroy weinte. Andy und Clive gingen zu ihm hin, um ihn zu trösten, und wir anderen drängelten uns um die Bettkante, um dabei zuzuschauen.

»Ist er in Ordnung?«

»Es wird ihm gleich wieder besser gehen«, sagte Clive.

»Was hat dich denn so traurig gemacht, Killy?«, fragte Jackie.

»Das, was Andy gerade vorgelesen hat, die Geschichte.«

Er schaute sich im Zimmer um, als wäre er überrascht, sich dort zu befinden. Dunkelheit strömte durch die Fenster und Türen herein, die Sonne stand nun blutrot und müde über der Flussmündung. Irgendetwas Seltsames, ganz Besonderes war geschehen, wir alle spürten das.

»Diese Geschichte, sie ist wunderschön, nicht wahr?«

Noch nie zuvor hatte ich ein Kind das Wort »wunderschön« sagen hören. Er begann wieder zu schluchzen und Clive hielt ihn. Keiner von uns kicherte oder machte sich über ihn lustig, nicht einmal, als wir zurück zur Schule waren und einem alles nur wie ein Traum vorkam.

Zu Beginn der Saison 1977/78 legte ich ein Sammelalbum über den Rochdale AFC an. Ich klebte ein Mannschaftsfoto und ein Bild von Brian Green auf den Umschlag. Da ich keine Farbfotos bekommen konnte, kolorierte ich sie von Hand und trug den Filzstift sorgfältig auf ihre Trikots, das Gras, Greens Polohemd und das Haar der Spieler auf. Aus Buchstaben, die ich – wie bei einem Erpresserbrief – aus verschiedenen Zeitungen ausgeschnitten hatte, bildete ich den Schriftzug »Rochdale Rule OK« und schrieb mit schwarzer Tinte darüber: »Rochdale, die starken Blauen«.

Bis Mitte September waren die Zeitungsausschnitte noch vollständig, brachen dann aber jäh ab und die letzten paar Seiten blieben leer. Den letzten Artikeln konnte man den Grund für meine plötzliche Entfremdung entnehmen: »County holt Stürmer«, »Reading in Transfergesprächen mit Mountford« und »Huddersfield verpflichtet Mountford – Reading zieht den Kürzeren«.

Am Donnerstag, den 29. September 1977 verließ Bob Mountford Rochdale und ging für eine Ablösesumme von 10.000 Pfund zu Huddersfield Town. In seinen fast drei Saisons hatte er in 97 Einsätzen für Rochdale 37 Tore geschossen, eine bemerkenswerte Trefferquote, wenn man bedenkt, in welch mittelmäßiger Mannschaft er gespielt hatte.

Während seine Mitspieler oft lust- und einsatzlos spielten, riskierte Mountford jedes Mal, einen Fuß, einen Oberschenkel, eine

Stirn oder einen Schlag in die Rippen gerammt zu bekommen. Wenn er traf, blickte er nicht überrascht drein oder lief im Zickzack wie ein durchgehender Gaul, sondern erhob majestätisch seinen Arm wie ein Mann, der wusste, dass er zum Fußballspielen und zum Tore schießen geboren war. Er rannte nicht zu den Fans und buhlte um ihre Zuneigung; das konnten sie schon selbst sehen, dass er sein Trikot mit Stolz trug.

Auch andere Spieler waren schon gegangen, aber meine emotionale Beteiligung war bei ihnen vergleichsweise gering gewesen. Bob Mountford war Rochdale, einer von den ganz wenigen, denen man ansah, dass sie wirklich auf ein Fußballfeld gehörten.

Dad und ich und Rochdale und Bob Mountford schienen für immer zusammenzugehören. Wie konnte er nur das Trikot eines anderen Vereins tragen? Wie konnte er den Arm hoch halten, um ein Tor für irgendjemand anderen als Rochdale zu feiern? Das Trikot stand ihm so gut, die Streifen an den Ärmeln, der blaue und der weiße. Und was sollte Janet Marcroft jetzt mit ihrem selbst gebastelten Abzeichen anstellen? Bob Mountford könnte ja nun *unseren* Torwart fressen.

Als ich wieder zu Hause war, schloss ich mich einer christlichen Jugendgruppe an, die sich in der Stadt im Keller einer Kirche traf. Eines Freitagabends tauchte ich auf und saß nun zwischen diesen Kindern und Erwachsenen, denen ich noch nie zuvor begegnet war. Auf den Tischen standen Kerzen, deren flackerndes Licht die Pastellzeichnungen mit den biblischen Geschichten an der Wand erleuchtete. Ich sagte ihnen meinen Namen und sie baten mich, einen Stuhl zu holen und mich an der Diskussion zu beteiligen. Ich war dort nicht schüchtern oder gehemmt; dort hinzugehen fühlte sich nicht anders an, als zu Hause von einem Zimmer in ein anderes zu gehen.

Im Laufe einiger Wochen sollte ich so manches verstehen. Ich fühlte mich wie *wiedergeboren*, Jesus Christus schien *in mein Leben getreten* zu sein, Ausdrücke, die ich in den Ferien von Andy und

Clive gehört hatte. Ich verspürte nun ein außergewöhnliches Wohlbehagen, das sich aus ganz gegensätzlichen Elementen speiste: Energie und Ruhe, Selbstvertrauen und Bescheidenheit, und das alles gab es auch noch gratis und ohne Nebenwirkungen. Wenn man nur dran *glaubte*, dann wurden einem diese Selbstsicherheit und dieses Glück geschenkt, die Freude an den kleinen Dingen, die Liebe zu anderen. Du warst all das, was du jemals sein wolltest, und zwar permanent.

Wir konnten das nicht einfach so hinnehmen, das ging einfach nicht. Huddersfield war nur knapp dreißig Kilometer entfernt. Am zweiten Weihnachtsfeiertag 1977 fuhren wir hin, um uns ihr Spiel gegen Southend United anzuschauen.

Als Mountford noch für Rochdale gespielt hatte, hatten wir ihn zwar genau beobachtet, ihn aber letztlich doch als Teil der Mannschaft gesehen. Bei Huddersfield stellte er für uns nun mehr oder weniger das ganze Spiel dar. Wir spürten einen Hauch von Verantwortung, so als ob er immer noch Rochdale repräsentieren würde, wenn er auch inzwischen andere Farben trug. Wir wollten, dass er gut spielte, sodass sich die Fans anrempelten, von ihm schwärmten und ein bisschen Glanz davon auch auf Rochdale abfiel.

Meine Eltern verstanden es nicht.

»Wie meinst du das, *wiedergeboren?*«

Ich erklärte ihnen, dass es nicht um eine physische Geburt, sondern um den Eintritt in ein anderes Leben ging. Mum war skeptisch.

»Ich dachte, wir seien ohnehin alle Christen. Ich und dein Dad haben dich als Baby taufen lassen. Reicht das denn nicht?«

Ich sagte, sie solle es nicht persönlich nehmen.

»Hey, jetzt nimm dich mal nicht so wichtig!«

Ich versprach, zu Jesus Christus, unserem Erlöser zu beten und ihn zu bitten, ihrer Seele gnädig zu sein. Sie merkte, dass ich nur Spaß machte, und erhob sich von der Couch.

»Jetzt reicht's aber!«

Später fragte sie mich dann, ob ich nun, wo ich es doch so sehr mit der Religion und so hätte, vielleicht ein bisschen mehr im Haushalt erledigen würde? Ich könnte sofort mit dem Kartoffelschälen anfangen. Ich gab zu bedenken, dass es so nicht lief.

»Aha«, rief sie triumphierend. »Ertappt!«

Ich fragte, was sie damit meinte. Sie nickte lächelnd.

»Du brauchst diese Religion also nur, um das zu tun, was du willst, nicht wahr?«

Sie wedelte mit dem Finger und lachte.

Dad sprach niemals wirklich darüber. Er hörte nur zu und sagte, es sei meine Entscheidung; es sei mein Leben. Mum lieferte mir in seinem Auftrag scheibchenweise Informationen:

»Er findet nicht, dass sich Jungen in deinem Alter mit solchen Dingen beschäftigen sollten.«

Ohne das Drumherum machte das Spiel keinen Sinn mehr; wir hatten so etwas wie einen Tunnelblick. Wir fieberten mit Mountford mit, als ob wir selbst spielen würden. Diese Fokussierung eines Spielers schien anfangs seine Fehler geradezu zu provozieren. Aber Mountford war natürlich der geborene Fußballer, das Spiel war einfach sein Metier. Er beruhigte sich schon nach ein paar Minuten und spielte so gut, wie er es für Rochdale auch getan hatte. Unsere Sorgen waren somit unbegründet gewesen.

Kurz vor dem Ende gab es im Strafraum ein Gerangel, und wie immer war er als erster am Ball, um ihn an Southends Torwart vorbeizuschieben. Das Gebrüll war lauter als im Spotland und die Fans stürmten die Tribüne hinter dem Tor herunter. Wir wurden förmlich mitgerissen, aber bevor ich hinunterschauen musste, um meine Schritte noch kontrollieren zu können, warf ich noch einen letzten Blick auf das Spielfeld. Mountford hatte seine Arme in Siegerpose ausgebreitet. Es war das Tor zum 2:0 und besiegelte den Triumph. Sein Gesicht und sein Trikot waren mit Schlamm bespritzt. Seine neuen Mannschaftskameraden hingen an seinen Armen und auf seinem Rücken. Das Flutlicht leuchtete. Mountford glänzte zwischen ihnen wie ein brennendes Streichholz.

Ralph war der beliebteste Gruppenleiter in St. Lukas. Er trug Jeans und Karohemden und fuhr ein Motorrad. Er erklärte uns den ganzen Motor, zeigte auf die Zündkerzen und den Vergaser und erläuterte uns, wie alles funktionierte. Um seinen Hals baumelte ein großes Lederkruzifix.

Als wir eines Freitagabends gingen, fragte er mich, ob ich am nächsten Tag zu ihm nach Hause kommen und ihm beim Tapezieren des Wohnzimmers helfen wolle.

»Zu zweit wäre es viel einfacher.«

Ich musste zwei Busse nehmen, um zu seinem Bungalow zu kommen. Sein Motorrad war vor der Garage abgestellt. Mit einem breiten Grinsen öffnete er die Tür. Sein Hemd war ein paar Knöpfe weit offen, darunter trug er ein weißes T-Shirt.

Das Haus war äußerst aufgeräumt. An der Wand über dem Gaskaminofen befand sich ein großes Bild einer Taube, die an einem Kreuz vorbeiflog. Unter dem Bild stand: »Jesus ist Leben.«

»Ich setze Wasser auf«, schlug er vor.

Ich sagte, ich hätte lieber eine Limo oder Orangensaft, wenn er welchen hätte.

»Ich denke schon, ich denke schon«, sagte er, als ob er zu einer Melodie auf dem Klavier singen würde.

Wir arbeiteten gut zusammen. Ich schnitt die Bahnen auf Länge, kleisterte sie ein und er klebte sie an die Wand. Er hatte kleine geschmeidige Finger und schob seine Zungenspitze heraus, wenn er die Kanten aneinanderschob.

Er erzählte mir von sich. Früher war er ein richtiger Biker gewesen und hatte mit seinen Kumpels ziemlich gesoffen. Er sagte immer »ich trank gerne mal was« und schaute mich dabei ernst an. Er erzählte, dass er gerne »in der Weltgeschichte herumgereist« sei und »allerhand Leute getroffen« habe. Er trug Hausschuhe mit Schottenkaros.

»Und weißt du, was sich geändert hat? Weißt du, wer mir die Augen geöffnet hat, was bei mir falsch lief?«, fragte er.

Ich schüttelte den Kopf.

»Gott. Er sprach zu mir. Er tippte mir auf die Schulter und fragte: ›Was machst du mit deinem Leben? Wohin gehst du?‹«

Er starrte mich an:

»Weißt du, warum ich dich heute hierher gebeten habe?«

Er hatte noch die Kleisterbürste in der Hand und wedelte beim Sprechen damit herum. Der Kleistereimer stand hinter ihm und ich befürchtete schon, er würde hineintreten, wenn er noch einen Schritt zurück machte. Er fragte mich nochmals:

»Willst du wissen, warum?«

Ich zuckte mit den Achseln.

»Ich habe dich hierher gebeten, weil ich das Gefühl habe, du möchtest gerne über Christus sprechen. Ich meine – wirklich sprechen. Habe ich recht?«

Mir wurde unbehaglich zumute. Als ich nicht umgehend antwortete, nahm sein Gesicht dermaßen enttäuschte Züge an, als hätte er einen Schlaganfall erlitten.

»Gut, es ist deine Entscheidung, aber ich bin da, wenn du es doch willst. Und ich werde immer da sein.«

Er sagte das so, als ob er sich wieder erholt hätte. Eine Zeit lang sagten wir nichts und ich hatte den Eindruck, ihn verärgert zu haben.

Rochdale verlor zehn der ersten zwölf Saisonspiele. Im *Rochdale Observer* wurden Leserbriefe abgedruckt, in denen der Clubführung vorgeworfen wurde, keinen Mut zum Risiko zu haben und stattdessen die besten Spieler zu verkaufen. Einer der Verfasser, der sich selbst JBS nannte, schrieb (ziemlich unbeholfen): »Sie (die Rochdale-Fans) wissen gar nichts, weil sie nichts kennen, außer Misserfolg. Welcher vernünftige Mensch würde Geld in den Club stecken, wenn er weiß, dass die einzige Rendite ›keine Rendite‹ ist?«

Ein blindes Mädchen namens Joanne war oft mit ihrem Blindenhund bei den Treffen dabei. Wenn wir herumsaßen und über Jesus Christus, unseren Erlöser sprachen, lächelte sie beim Zuhören und legte den Kopf in den Nacken, als würde sie das Licht suchen. Eines Abends führte uns unser Gespräch zu der Frage, welche Fernsehsendungen uns gefielen, und sie sagte, ihre Lieblingssendung sei *Starsky and Hutch*.

»Das mag ich auch«, sagte einer der anderen.

»Warum gefällt dir das denn, Joanne?«, fragte der Laienprediger.

Sie wurde rot und beugte sich nach unten, als ob sie ihren Hund streicheln wolle.

»Nun sag schon«, stichelte er.

»Mir gefällt David Soul«, platzte sie heraus.

»Wirklich?«

Einer der Jungs sah sie verständnislos an:

»Wie kann er dir gefallen, Joanne, wenn du ihn nicht sehen kannst?«

»Es ist seine Stimme. Ich weiß einfach, dass er nett und schön ist.«

Mike Ferguson, Rochdales früherer Kapitän, wurde im September 1977 zum Interimstrainer ernannt. Er war das genaue Gegenteil von Green: blasses Gesicht, hängende Schultern, den Kragen seines ausgewaschenen Trainingsanzugs bis zu den riesigen Koteletten hochgestellt. Mit seinem gebeugten Haupt sah er aus wie der Hausmeister einer Schule, der vor sich hingrummelt, dass die Fünftklässler die Matten in der Turnhalle wieder einmal nicht aufgeräumt hätten.

Er war erst vierunddreißig, wäre unter den Tribünen im Dunkel eines Spätnovembernachmittags aber auch für wesentlich älter durchgegangen. Er hatte selbst auf gehobenem Niveau gespielt und war für eine Risikofreude und einen Weitblick bekannt, die seinem äußeren Erscheinungsbild Hohn spotteten. Er ließ verlautbaren, Rochdale einen Hauch seines alten Spielstils einflößen zu wollen:

»Wenn ein Spieler den Ball lupfen und ihn auf seinen Schultern jonglieren will – großartig, das ist genau das, was ich sehen will, so ein Spieler hat nämlich eindeutig Selbstvertrauen.«

Ich ging gerne zu den Treffen, den Jugendgruppen und den häuslichen Zusammenkünften, aber das übte irgendwann auch einen gewissen Druck aus, schließlich waren die Leute etwas verblüfft darüber, dass ich immer noch nicht zur Kirche ging.

Bei einem der Treffen saß ich im Schneidersitz auf dem Boden (wir hatten einen Kreis gebildet), ziemlich zufrieden mit mir und der Welt, weil ich im strömenden Regen den Bus erwischt und dieses Haus fernab jeglicher Zivilisation gefunden hatte. Ein Kerl im Jeanshemd und mit gestutztem Bart saß auf der Couch. Er fragte mich ganz unverblümt. Ich wusste gar nicht, dass er mich kannte. Aber er nannte mich beim Namen und fragte, ob ich nun *schon* zur Kirche ging.

»Nö«, sagte ich schnell und hoffte, er würde merken, dass ich nicht darüber sprechen wollte.

»Das solltest du aber wirklich.«

Ich lächelte und sagte, mir fehle nichts.

»Ich denke nicht, dass du dich als Christ bezeichnen kannst, wenn du nicht zur Kirche gehst.«

Ich wollte plötzlich heim. Seine Züge wurden nun weicher und er setzte so ein gequältes nervöses Lächeln auf, das seinen Bart auf und ab wackeln ließ.

»Im Ernst, es ist fantastisch in der Kirche. Es ist der Ort, an dem wir uns alle eins mit Gott fühlen. Es ist so, als ob du statt deiner Freunde, was schon cool und so ist, Gott zu Hause besuchen würdest. Es ist da, wo es seine Liebe gibt, wo du sie am stärksten spüren kannst.

An der Stelle, an der er ›schon cool und so‹ gesagt hatte, hatte ich mich umgesehen, ob außer mir noch jemand anderes bemerkt hatte, wie verlogen das aus seinem Mund klang. Keiner schaute zurück. Ich fragte mich auch, warum diese christlichen Typen eigentlich alle entweder Karo- oder Jeanshemden trugen, so als sei es eine Uniform.

Craig Jenkins war einer der ganz wenigen an unserer Schule, der ebenfalls Rochdale-Fan war. Er war ein normaler, ruhiger Junge, zumindest so lange, bis er zu einem Fußballspiel ging. Er stand auf der Willbutts-Lane-Tribüne und wir sahen oft, wie er sich aus der Menge herauslöste, die Stufen hinunterstürzte und dem Linien- oder dem Schiedsrichter wüsteste Beschimpfungen an den Kopf warf. Bei einem Spiel klopfte mir Dad auf den Arm:

»Ich glaube, Craig flippt gerade aus.«

Er flippte eigentlich immer aus. Normalerweise brachte ihn einer der Umstehenden dann zurück aus der Gefahrenzone. Wenn ich mich einmal auf diese Seite des Spielfelds vorwagte, um mir zum Beispiel ein Pie zu holen oder aufs Klo zu gehen, sah ich, wie sich die Szene abspielte. Craig sah aus, als ob er gleich über die Mauer klettern und dem Schiedsrichter etwas direkt ins Gesicht brüllen würde. In seiner Erregung stammelte er wirr:

»Du, du Bastard! Das, gerade, es war nie und nimmer abseits. Da, nimm meine Brille!«

Er nahm seine Brille ab und schwenkte sie wild herum. Sie war altmodisch, mit einem dicken schwarzen Gestell. Wenn er sie abnahm, blinzelte und schielte er. Ein Kumpel zog ihn am Arm:

»Craig, hör auf!«

»Hör auf, hör auf? Dieser Bastard ist parteiisch! Er hasst Rochdale. Er hat kein einziges Mal für uns gepfiffen.«

»Craig, du bekommst Ärger.«

»Das ist mir egal. Ich will mir den Schiri jetzt vorknöpfen.«

Ein oder zwei Polizeibeamte schlenderten herüber.

»Komm, mein Sohn. Geh einfach an deinen Platz zurück und lass das, okay?«

»Aber der Schiri, er hasst Rochdale.«

»Schon möglich, aber wir können nicht zusehen, wie du ihn bedrohst, verstanden?«

»Er will aber bedroht werden.«

Einmal wurde Craig tatsächlich festgenommen. Er wurde von einem Bullen über den Zaun gezerrt und mit dem Arm auf dem Rücken um das Spielfeld herum abgeführt. Ich stand nahe am Zaun, erwartete aber nicht, dass er mich wahrnahm. Doch er zweigte die paar Meter ab:

»Hi, wie geht's?«, fragte er.
»Gut.«
Instinktiv fügte ich hinzu:
»Aber dir anscheinend nicht.«
»Ich hab's verdient. Ich bin komplett ausgetickt. Er macht nur seinen Job.«
Schnell war Craig ein paar Meter weg. Er rief zurück:
»Glaubst du, wir gewinnen?«
Ich war unschlüssig, ob ich am Zaun entlangrennen sollte, um mit ihm weiterzureden, oder ob ich einfach zurückschreien sollte. Glücklicherweise sah er aber in der Menge jemand anderen, den er kannte, und begann stattdessen mit dem zu reden.

Während seiner letzten paar Tage bei Rochdale nahm Brian Green einen Stürmer unter Vertrag, hinter dem er den ganzen Sommer lang hergewesen war. Terry Owen war bei Cambridge United unglücklich und wollte zu einem Club wechseln, der näher an seiner Heimatstadt Chester lag.

Der *Rochdale Observer* attestierte ihm bei seinem Debüt eine ›selbstlose Laufleisung und eine tolle Ballbehandlung‹. Er erzielte bei der 1:2-Heimniederlage Rochdales einziges Tor, bei dem er den viel größeren Gästeverteidiger Pat Kruse übersprang.

Wie wir Jahre später erfahren sollten, ähnelte Owens Spiel stilistisch dem seines Sohnes Michael.*

Schlussendlich ging ich in die Kirche, die unserem Haus am nächsten lag. Ein paar Rentnerinnen saßen in den vorderen Bänken, während sich der Pfarrer seitlich fertig machte, indem er sich das Haar glatt strich und die Einmerker durchblätterte, die er in seine Bibel hineingesteckt hatte.

---

* Rochdale ist bekannt für seine Spieler mit berühmten Nachkommen. Die Väter zweier Spieler aus Englands Weltmeistermannschaft von 1966 spielten für den Club, wenn auch nur kurz: Charlie Hurst (Vater von Geoff) 1946 und Alan Ball senior 1951. Und andersherum war John Stiles (Sohn von Nobby) im März 1991 für einen Monat an den Club ausgeliehen.

Das Gebäude war kalt, da die Sonne noch nicht hoch genug gestiegen war, um ihre Lichtstrahlen durch die hohen Fenster zu schicken. Bevor er begann, schaute der Pfarrer zu den hinteren Bänken, als wolle er nochmals kontrollieren, dass außer uns auch wirklich niemand da war. Ich saß in der Mitte und hatte eine ganze Kirchenbank für mich alleine. Ein oder zwei alte Damen drehten sich um und lächelten.

Seine Stimme hallte durch den Raum wider, sodass ich kaum verstehen konnte, was er sagte. Er sprach monoton und hielt seinen Körper komplett ruhig. Wenn er einmal von seinen Aufzeichnungen aufsah, dann nur ganz flüchtig, so als hätte man ihm beigebracht, dass das zur guten Redetechnik gehörte. Die Liednummern wurden in einem hölzernen Rahmen seitlich an der Kanzel angezeigt. Als der Gesang einsetzte, war nur ein freudloses Brummen ohne jegliche erkennbare Melodie zu vernehmen.

Später, als die Rentnerinnen hinausgingen, sahen sie alle zu mir herüber und grinsten und nickten. Der Pfarrer war schnell auf den Beinen, mit wehender Soutane sauste er den Gang hinunter, um mich zu begrüßen.

»Hallo«, sagte er. »Ich glaube, ich habe dich hier noch nie gesehen.«

»Nein, ich bin zum ersten Mal hier.«

»Bist du neu in der Gegend?«

Ich bemerkte, dass ein paar der Damen stehengeblieben waren und die Hälse reckten, um etwas zu verstehen. Ihre Aufmerksamkeit war mir peinlich.

»Nein, ich wohne schon eine Zeit lang hier.«

Er wollte mich noch mehr fragen, aber ich hatte mich schon halb weggedreht. Als ich durch die Kirchenbänke schlurfte, hob er die Hand und winkte:

»Ich hoffe, wir sehen dich bald wieder.«

Am Nachmittag nahm ich einen Bus zu einer Jugendgruppe am anderen Ende der Stadt. Ich erzählte ihnen von der Kirche. Sie sagten, ich solle lieber mit in ihre Kirche kommen, die eine ›moderne Einstellung‹ hätte. Sie würden Gitarre spielen und singen und der Pfarrer sei eine richtige Type. Das klang für mich auch nicht besonders gut.

Rochdale verlor sechs von sieben Spielen, als Ferguson nur ›kommissarischer Trainer‹ war, trotzdem bekam er den Job ganz. Die offizielle Nachricht wurde vor einem Auswärtsspiel bei Northampton Town bekanntgegeben.

Ich stellte mir vor, wie er vor dem Spiel zum Team sprach. Es war ein Neustart. Sie waren jetzt *seine* Spieler und sie waren in der Mannschaft, weil er sie für gut genug hielt und ihnen zutraute, ihre Aufgabe ordentlich zu erledigen. Northampton spielte eine durchschnittliche Saison, also wird er ihnen wohl die Anweisung gegeben haben, zunächst einmal die Kontrolle zu bewahren, ihr Potenzial auszuschöpfen und in den ersten fünfzehn Minuten die Schärfe aus ihrem Spiel zu nehmen. Danach sollten sie dann vorwärts drängen und zusehen, dass sie das Spiel dominierten. Auf geht's, Jungs, raus mit euch, zeigt's ihnen.

Rochdale kassierte nach dreiunddreißig Sekunden ein Tor. Sie verloren 1:3.

8

Wenn Träume zu Fleisch und Blut werden

So, wie die Sonnenbräune über die Wintermonate hindurch ausbleicht, verlor ich innerhalb eines Jahres meinen Glauben. Ich ging nicht mehr zu den Kirchengruppen und las nicht mehr am Ende jedes Tages im *Neuen Testament*.

Ich wollte die Leute, die ich als Christ kennengelernt hatte, hinter mir lassen. Ihre unbekümmerten, offenen Leben und ihre strahlenden Augen bereiteten mir nun Unbehagen. Ihre Fröhlichkeit deprimierte mich. Sie wirkten ziemlich eingebildet, so als ließen sie jemanden einen Witz, dessen Pointe sie bereits kannten, trotzdem erzählen. Nur, um dann gönnerisch so zu tun, als hätten sie ihn zum ersten Mal gehört.

Ich wollte nicht mehr auf Plastikstühlen in staubigen Sälen sitzen, während draußen der Tag langsam zur Nacht wurde. Ich hatte den Klang der Tamburine und der klirrenden Kaffeetassen satt, das Geschwätz beim gemeinschaftlichen Abwasch und das Durchforsten der Terminkalender, um das nächste Treffen zu organisieren.

Meine Eltern bemerkten es vermutlich, sagten aber nichts. Vielleicht dachten sie, ich würde auf meinen alten Pfad zurückkehren. Wenn ich ihnen eine unangenehme Frage stellte, stichelten sie immer noch mit ihrem ›Schau doch in deiner verdammten Bibel nach‹. Oder mit ihrem ›Ich dachte, du bist religiös‹, wenn ich etwas in ihren Augen Schändliches tat, wie zum Beispiel mein Zimmer unaufgeräumt zu hinterlassen. Sie hielten das Ganze wahrscheinlich nur für eine Modeerscheinung unter den Schuljungs, so wie etwa Skateboard zu fahren oder Supertrumpf-Karten zu sammeln.

Einmal radelten ein paar von uns zum Spotland, obwohl es an dem Abend kein Spiel gab. Es lag in völliger Dunkelheit da, abgesehen von einer kleinen Lampe, die einen trüben Lichtstrahl auf den Haupteingang warf. An den Mauern klebten Plakate, die längst vergangene Spiele ankündigten. Sie waren ziemlich verwaschen und die oberen Ecken kringelten sich nach unten.

Es hatte den ganzen Tag geregnet, in den Autospuren auf dem Parkplatz standen tiefe Pfützen. Ein paar Meter neben dem Drehkreuz, durch das wir normalerweise das Stadion betraten, stand ein verrosteter Grill. Ich befühlte seine Seiten; er war noch warm. Jemand hatte alte Stadionhefte hineingestopft. Ich bohrte in diesen dichten Stapel hinein und sie zerfielen augenblicklich zu Staub, der im Wind umherschwirrte wie Fliegen um einen Kadaver.

Ich fand einen anderen Stapel auf dem Boden. Die Ecken der Hefte waren schwarz und ausgefranst, als wären sie kurz in die Flammen getaucht und dann wieder herausgezogen worden. Jetzt waren sie nass und matschig. Ich blätterte sie in der Hoffnung durch, ein paar unbeschädigte zu finden. Dave Taylor, mein Kumpel, schaute mir zu:

»Was machst'n da?«

»Ich schau, ob noch welche brauchbar sind.«

Er stieg von seinem Rad und legte es seitlich auf den Boden.

»Hier, schauen wir mal.«

Er nahm eine andere Hand voll und begann, sie voneinander zu lösen. Zwischen manchen waren winzige Schnecken eingequetscht.

»Ich fürchte, du wirst kein Glück haben.«

»Ich weiß.«

Er wusste, was ich dachte.

»Es ist eine Schande, nicht wahr?«

In der ersten Runde des FA Cups wurde Rochdale schon wieder ein unterklassiger Club zugelost. Scarborough war Spitzenreiter der Northern Premier League und sah sich in der Favoritenrolle. Ferguson gab frostig zurück:

»Sie hätten gerne eine Chance, aber Rochdale wird in die nächste Runde einziehen, vielleicht mit drei oder vier Toren Unterschied.«

Rochdale verlor 2:4. ›Schmachvoller Dale‹ lautete die Schlagzeile im *Rochdale Observer*. Im Spielbericht wurde der Club als ›trauriger Botschafter des Ligafußballs‹ bezeichnet. Ferguson fasste den Auftritt als ›grässlich‹ zusammen.

Gegen Scarborough hatte Steven Shaw, der gerade siebzehn Jahre alt geworden war, in der Mannschaft gestanden. Ted Oliver spielte in dem Pokalspiel nicht, wurde jedoch regelmäßig in der Liga eingesetzt, obwohl er erst sechzehn war. Es handelte sich um keine Ausnahmetalente, die einfach zu gut waren, um sie nur in der Jugend und in der Reserve einzusetzen. Es handelte sich um rohe Youngsters mit dem Willen, zu laufen und zu kämpfen, die letztlich aber doch nur den Kader auffüllten. Zudem waren sie außergewöhnlich leicht, besonders Oliver, der nur knapp sechzig Kilo wog. Sie hatten eine hoffnungslose Aufgabe: neben entmutigten älteren Spielern zu spielen, die ständig unter Beschuss waren, und das auf schlammigen Spielfeldern und gegen Männer von deutlich stärkerer Physis. In den meisten Spielen wurden sie nicht einfach geschlagen, sie wurden platt gemacht.

Mein Vater gründete einen Junior-Fußballclub mit Jungs, die entweder in unserer Nachbarschaft wohnten oder mit mir zur Schule gingen. Sein eigener Vater hatte damals auch einen für ihn gegründet, sodass er das wahrscheinlich als eine Art Familientradition begriff. Er war denkbar ungeeignet, ein Team zu führen, er war einfach viel zu schüchtern. Ich hatte anfangs ein etwas zwiespältiges Gefühl zu dieser Idee. Es bedeutete zwar zum einen, dass ich regelmäßig spielen konnte, aber der Sohn des Trainers zu sein unterschied mich andererseits natürlich von den anderen Jungs. Ziemlich schnell begann ich diese Situation zu hassen. Ich wollte, dass meine Eltern wie die aller anderen waren – verborgen im Hintergrund. Und Dad beherrschte schon die elementarsten Dinge nicht, wie zum Beispiel die Jungs zum Schweigen und

Es gibt da ein Licht, das niemals verlischt.

Zuhören zu bringen, während er sprach. Sie waren nie unverhohlen frech oder arrogant, aber ich beobachtete ihre Gesichter genau und schnappte jeden Kommentar auf. Ich hatte Schiss, dass sie sarkastisch wurden und ich nicht wusste, ob ich einstimmen oder lieber die Klappe halten sollte.

Wir trainierten nicht richtig. Er warf uns den Ball zu und wünschte uns ›viel Spaß‹. Es gab keine Mannschaftsbesprechungen, nur peinliche Aufmunterungen, wenn Dad und sein Kumpel Harry Whitworth meinten ›Die könnt ihr schlagen‹ oder ›Auf geht's, Jungs, gebt euer Bestes‹.Die Spiele fanden Sonntagvormittags statt und die Spieler trafen sich vor unserem Haus. Sie sollten um 9 Uhr da sein, aber manche kamen schon eine halbe Stunde früher. Ich kam im Schlafanzug runter und sah ihre Umrisse durch die Milchglasscheibe in der Haustür, wenn sie sich auf die Türstufe plumpsen ließen. Ich öffnete niemals die Tür oder nahm von ihnen irgendwie Notiz. Ich wollte sie nicht da haben. Ich hasste es, von ihnen getrennt zu sein, mich als etwas Besonderes, Tolles fühlen zu müssen. Wenn wir dann aufbrachen und zum Spiel fuhren, dauerte es jedes Mal bestimmt eine Stunde, bis ich mich endlich als Teil der Gruppe fühlte.

Bei einem Auftrag lernte Dad jemanden kennen, der Rochdales Kaptitän Nigel O'Loughlin kannte. Dad kontaktierte ihn und er willigte ein, unser Trainer zu werden, und zwar als die eine Hälfte eines neuen Trainerteams neben einem unserer Lehrer, Mr. Smithies. Sie gaben ein bizarres Gespann ab.

Mr. Smithies war groß, dünn, glatzköpfig und bebrillt, er hatte eine sanfte Art und lispelte leicht. Seine Brillengläser waren dick und hatten eine leichte Lilatönung. Seine Art, die Augenbrauen zu heben und schüchtern dreinzublicken, ließ vermuten, dass er sein Blinzeln für stärker hielt, als es tatsächlich war. Er versuchte es zu vermeiden – und jeder merkte, dass er es versuchte –, aber er sprach gönnerhaft mit Leuten wie meinem Vater oder Harry Whitworth.

O'Loughlin war ein stämmiger Mann mit blondem Haar und matten milchig-blauen Augen. Er war ein erfahrener Fußballer, der hart arbeiten konnte. Wir fanden schnell heraus, dass es ihm unangenehm war, hier mitzumachen, so als ob er sich über irgendetwas ärgern würde und man nicht genau wusste, worüber. Sein Gesichtsausdruck wechselte ständig zwischen beleidigt und spöttisch. Wenn er jedoch lachte, hatte es etwas Entwaffnendes; man wollte sofort mit ihm mitlachen.

Bevor er Lehrer geworden war, hatte Smithies vermutlich einen Industrieunfall gehabt, der ihm extrem kleine Füße beschert hatte. Er trug Spezialschuhe und ging in kleinen Schritten, die ihn die Gänge förmlich hinunterstolzieren ließen. In der Schule kursierten zwei Versionen, woher er seine Verletzung hatte: dass eine Metallplatte seine Zehen abgetrennt hatte, woraufhin ihm die Haare ausgefallen waren, oder alternativ dazu, dass ein Metallstück auf seinen Kopf gefallen war, woraufhin ihm seine Zehen abgefallen waren.

Unter diesen Umständen wäre es für Smithies vielleicht ratsam gewesen, beim Spiel Fünf gegen Fünf am Ende der Trainingseinheiten einfach draußen sitzen zu bleiben. Stattdessen holte er aber sein extrem knappes Trikot von Sheffield Wednesday (deren Fan er war) heraus und los ging's, ob er nun mit feinster Präzision in die Tacklings trippelte oder seitwärts über das Spielfeld schlich und dabei maßlos schwitzte. Innerhalb von Sekunden glühte sein Gesicht und der Dampf stieg in dicken Schwaden von seinem Kopf auf. O'Loughlin scherzte, einer von uns solle ein paar Meter hinter ihm mit dem Mopp herrennen, um den Schweiß aufzuwischen.

Wir hätten seinen Mut wirklich bewundern sollen. Schließlich überwand er eine Behinderung, gab sein Bestes. O'Loughlin sah mit halb offenem Mund und zusammengekniffenen Augen zu. Wenn er Smithies' verzweifelte Bemühungen betrachtete, schüttelte er langsam seinen Kopf. Der Schweigsame sagte, ohne seine Lippen zu bewegen: »Depp.«

Ich schrieb Bob Mountford einen Brief.* Es dauerte einen Monat, bis er antwortete. Er hatte Huddersfield Town mittlerweile verlassen und spielte nun bei Halifax Town. Ich war über seine ordentliche Schrift erstaunt. Er schrieb, es sei ›sehr nett‹ gewesen, meinen Brief zu erhalten und zu sehen, dass ich solchen Anteil an seiner Karriere nahm. Er sagte, er hätte viele Freunde in Rochdale. Als er die Chance bekam, zu Huddersfield zu gehen, hatte er nicht gezögert, weil Huddersfield, wie ich sicher wusste, ein ziemlich schicker Club war und für gehobeneren Fußball bestimmt schien. Nach ein paar Monaten hatte er sich jedoch nicht wirklich angekommen gefühlt und erkannt, dass die schickeren Clubs nicht immer die freundlicheren sein mussten. Abschließend versorgte er mich mit Informationen für meine *Bob-Mountford-Akte*: Bob Latchford war sein Lieblingsspieler; der Victoria Ground in Stoke war sein Lieblingsstadion; und er war in seiner Karriere viermal vom Platz geflogen.

Sein nächster Brief trug eine andere Handschrift und enthielt seine Privatadresse. Die Buchstaben waren groß und krakelig, die Zeilen schief. Wahrscheinlich hatte die erste Nachricht seine Freundin oder Frau geschrieben. Ich stellte mir vor, wie er eines Abends meinen Brief aus der Sporttasche zog und ihn ihr zeigte. Wahrscheinlich schrieben sie nicht oft Briefe, sodass es ihnen lästig war, Papier, Füller und die Zeit zum Antworten zu finden. Ich konnte ihn förmlich durch den Gang in ihrem neu erbauten Haus schreiten sehen (an einer ›Auffahrt‹, was es moderner als in einer Straße oder Allee klingen ließ), wie er ihr in der steifen Art eines Menschen diktierte, der das Schreiben nicht gewohnt war. Ich war stolz, dass er mir seine Privatadresse anvertraut hatte. Er

* Ich klaute die Idee, Fußballern und Fußballclubs zu schreiben, von meinem Kumpel Stephen Hewitt. Sein diesbezüglicher Ehrgeiz galt der ganzen Welt. Er hatte signierte Fotos und Souvenirs von Clubs wie Honved Budapest oder Borussia Mönchengladbach, und er stand in regem Austausch mit Englands Torwart Peter Shilton. Ich wandte mich dagegen lieber an Leute, die meine Welt bevölkerten: Straßenfußballer – Fred Binney, Tommy Tynan, Alan Young und natürlich Alex McGregor (um den es später noch gehen wird).

Nigel O'Loughlin, der Schweigsame.

war offener als zuvor. Er fand, die Ernennung Brian Greens zum Trainer sei der Untergang Rochdales gewesen, und dass Walter Joyce der bessere Trainer war.

Mountfords letzter Brief kam in einem Umschlag, der mit zerknittertem rosa Papier gefüttert war. Er war drei Seiten lang und bestand hauptsächlich aus Zusatzinformationen für die *Bob-Mountford-Akte*. Ich weiß nicht, für wie groß er die hielt, aber im Grunde war es ein Blatt DIN-A4-Papier, auf das ich viele Informationen getippt hatte und auf dessen Rückseite sein Foto und sein Autogramm klebten. Ich erfuhr, dass er einen Ford Escort fuhr; dass er gebratene Ente mit Orangensauce mochte; seine Lieblingssänger waren Elton John und Gladys Knight; und sein Lieblingsschauspieler war Donald Sutherland. Ominöserweise schloss er seinen Brief mit den Worten: ›Vielleicht treffen wir uns mal in Rochdale bei einem Abendspiel. Scheu dich nicht, mich anzusprechen, wenn du mich siehst, dann können wir ein bisschen plaudern.‹

Mike Ferguson begann, genau wie Brian Green vor ihm, über die Größe des Kaders zu jammern. Aus gutem Grund. Auf dem offiziellen Mannschaftsfoto für die Saison 1977/78 waren zu sehen: acht Vollzeitprofis, drei Nachwuchsspieler (Shaw, Oliver und Ian Bannon) sowie zwei Amateure (Billy Boslem und Chris Shyne, die eigentlich nur zur Probe da waren).

Das Problem verschärfte sich, als Dave Esser, Paul Hallows und Bob Scott schon früh in der Saison vom Platz flogen und später akuter Personalmangel eintrat, als sie gesperrt waren. Scott kassierte tatsächlich zwei Sperren, eine für die Rote Karte selbst und eine für die Beschimpfung des Schiedsrichters beim Verlassen des Platzes.

Ich stellte nach meinen eigenen strikten Deadlines ein ordentlich getipptes zehnseitiges Stadionheft für jedes unserer Heimspiele in der *Spotland and District Junior League* zusammen. Das erste enthielt eine Clubgeschichte (die ganzen drei Monate), Details jedes Spielers und Spielberichte von unseren Freundschaftsspielen.

Ich führte akribische Statistiken, sogar die Torquote pro Spiel für jeden Spieler. Kein Nachrichtenfitzelchen war mir zu klein, um erwähnt zu werden: ›Ian McMahon hat die Schuhmarke gewechselt und spielt diese Saison in Stylo Matchmakers.‹ Ich entwarf ein Clubemblem und malte es mit Buntstiften auf die Titelseite jedes Programms. Der Glanz der Professionalität wurde von gelegentlichen Kuriositäten getrübt: ›Wegen eines Missverständnisses zwischen den beiden Trainern mussten wir in dem Spiel gegen Deans Pursuit Rugbypfosten statt Fußballpfosten verwenden.‹ In einem anderen Programm gab ich bekannt, Keith Johnson hätte den Club verlassen, weil ›er sonntagvormittags lieber mit dem neuen Freund seiner Mutter Motocross fahren wollte‹. Ich zeigte die Stadionhefte niemandem außer Paul Foster, einem meiner besten Schulfreunde und dem ›Mädchen für alles‹ im Team. Er übernahm für mich das Ausmalen, wenn ich meinem Zeitplan hinterherhinkte.

Vor einem Spiel saß ich mit meinem Vater auf der Haupttribüne. Mountford, in engen Nylonhosen und einer wollenen Schottenkarojacke, stieg die Stufen hoch und sah sich nach einem Sitzplatz um. Wahrscheinlich war er gerade für den Spielbetrieb gesperrt und hatte beschlossen, seinen alten Club zu besuchen. Ein Mann ähnlichen Alters begleitete ihn. Wie üblich war die Tribüne fast leer. Er hatte Hunderte Plätze zur Auswahl. Aber er setzte sich direkt neben mich. Mein Vater fragte mich, ob ich ihm sagen wolle, wer ich sei.

»Nein«, sagte ich und bat ihn, still zu sein.

»Aber du hast ihm doch geschrieben.«

»Nein.«

»Er hat aber sicher nichts gegen einen kleinen Plausch.«

»Bitte, Dad, sag nichts.«

Ich brachte es einfach nicht fertig, in Mountfords Richtung zu schauen.

Wenn wir auf das linke Tor spielten, also auf die Seite, auf der er saß, schielte ich nur hinüber, ohne meinen Kopf zu drehen, sodass sich unsere Blicke nicht begegnen konnten. Ich hatte zu viel Angst, etwas zu sagen, was ich später bereuen würde. Während ich in einem Brief halbwegs witzig und einnehmend sein konnte, war ich persönlich ein stiller, verkrampfter Teenager. Ich wollte nicht, dass Mountford – ein mutiger, geschickter Fußballer, der zusätzlich auch noch den Anstand hatte, einem Fremden zu schreiben – mein wahres Ich sah.

1978 rückte der Rochdale AFC die Information heraus, dass sie wöchentlich 1.500 Pfund für Spielergehälter ausgaben. Das war offenbar eindeutig nicht genug, weshalb ein Exodus begann. Dick Mulvaney* war bereits in seinen vorherigen Job bei einer Schiffswerft zurückgekehrt, wo er eigenen Angaben zufolge besser verdienen konnte. Steve Melledew unterschrieb bei Hillingdon Borough, die etliche Klassen tiefer außerhalb der Football League spielten, aber offensichtlich trotzdem ein höheres Gehalt zahlten.

»Es bricht mir das Herz, den Club zu verlassen, aber in meiner Position kann ich es mir nicht leisten, für Rochdale zu spielen«, sagte er.

Alan Vest ging nach Australien zurück, der Trainer Frank Campbell folgte ihm bald nach. Mike Poole, der Torwart, schloss sich den Portland Timbers in den Vereinigten Staaten an, bei denen er schon im vergangenen Sommer gespielt hatte. Bobby Hoy, ein geschickter Flügelspieler, gab bekannt, dass er ganz aufhörte, um sich auf eine Gesangskarriere zu konzentrieren.

»Mein Herz hängt nicht mehr am Fußball«, sagte er.

Er verriet, dass er aus einer Musikerfamilie stammte; seine Schwester hatte das Titellied der Fernsehsendung *The Sky's The Limit* gesungen.

Pooles Platz im Tor nahm der 18-jährige Andy Slack ein, der als Sortierer in einer Gerberei in Heywood gearbeitet hatte. Er teilte

* Armer Dick, so einen Namen zu haben. Klingt ein bisschen wie etwas, womit man besser zum Doktor geht. Außer der Doktor ist eine Frau, dann taucht man es besser ein paar Wochen lang in warmes Wasser und hofft, dass es von alleine weg geht.

sich die Position mit Chris Shyne, einem treuen Anhänger von Rochdales Freizeitligen, der von seinem vorigen Club, den Dyers Arms abgegeben wurde.

In den 1970ern ging es beim Fußballtraining in erster Linie noch um die rein körperliche Arbeit, während so etwas wie die Ballfertigkeiten beinahe nebensächlich waren. Und Nigel O'Loughlin stammte aus eben dieser Zeit. Wir begannen also unsere Trainingseinheiten mit einem Lauf übers Spielfeld. Mittendrin änderte er dann die Übung: Wir rannten nun *ums* Spielfeld. Und seine Abschlussübung ging dann so: Sprint an die Strafraumkante, zurück laufen, Sprint an die Mittellinie, zurück laufen, Sprint an die gegenüberliegende Torlinie.

Immerhin bekamen wir den Ball kurz einmal zu sehen, wenn wir in der Turnhalle spielten. Allerdings war O'Loughlin ein Anhänger der Fußballvariante, bei der nach zwei Ballberührungen abgegeben werden musste, besser noch nach einer. Wahrscheinlich liebäugelte er sogar mit dem berührungslosen Spiel, bei dem der Ball komplett außen vor war, während wir schön herumliefen.

Ich begriff bald, dass meine Tagträumereien – der ganze romantische Quatsch über länger werdende Schatten unter dem Gasometer und so – bedeutungslos wurden, sobald die Träume zu Fleisch und Blut wurden. Es gab nichts Romantisches oder Poetisches an O'Loughlin und vermutlich auch nichts an den restlichen Spielern Rochdales. Es ging um die pure Schufterei; den Fuß dazwischen zu bringen, die Räume eng zu machen, den einfachen Ball zu spielen. Es verkam zur reinen körperlichen Aktivität, zum Laufen bis zum Umfallen, zum Laufen bis zur Langeweile. Einmal erzählte er uns von einem Spieler, der durch die bloße Anstrengung auf dem Trainingsplatz umgekippt war, was für ihn als Zeichen der Ehre galt. Ein paar aus dem Team blühten unter ihm auf, nämlich die Kerle, die seinem Mantra der unablässigen Plackerei folgten. Als Gegenleistung erhielten sie ein vereinzeltes Zwinkern oder ein Haarerubbeln. Danach strahlten sie.

Bevor er angefangen hatte, hatte ich mir eine komfortable Nische geschaffen. Ich war ein Abstauber. Ich hatte es heraus, wie man Tore schoss, in erster Linie deshalb, weil ich immer so nahe am gegnerischen Torraum herumlungerte. Die restliche Mannschaft stürzte sich auf den Ball, passte ihn mir zu und meistens traf ich dann. Ich war derjenige, dem die jubelnden Mitspieler beim Verlassen des Platzes auf den Rücken klopften, bevor mir Jack Sprowell, Stadtgärtner, Fußballgelehrter und Vater unseres Verteidigers Carl, nach dem Spiel seine Anerkennung zollte:

»Er ist genau wie Jimmy Greaves, nicht wahr?«

Das Leben war so schön.

Rochdales desolate Form hatte zur Folge, dass sie bereits zum Antrag auf Wiederaufnahme in die Liga verdammt waren, als noch neun Spiele der Saison 1977/78 ausstanden. Seit Mitte September waren sie nun Schlusslicht der Football League und hatten die ganze Saison keinen Auswärtssieg geholt, nur zweimal unentschieden gespielt und die anderen einundzwanzig Spiele verloren.

Es war eine denkbar ungünstige Art und Weise, ihre 50. Saison als Mitglied der Football League zu begehen, aber immerhin bewiesen sie Zuverlässigkeit – ihre erste Saison hatten sie ebenfalls als Schlusslicht beendet.

Zuerst schlug O'Loughlin vor, ich könne etwas mehr ›beitragen‹. Er wollte, dass ich mich etwas zurückfallen ließ, mir etwas Raum verschaffte. Ich verstand den Wink mit dem Zaunpfahl: Er wollte, dass ich genauso herumrannte wie die anderen, dass ich mir den Ball vielleicht sogar selbst eroberte. Eine Woche später klopfte Mr. Smithies seinen Cordhosenstapel platt und starrte mich ernst aus seiner lila getönten Welt heraus an:

»Nun, ich kann mir vorstellen, dass du das nicht so gerne hörst, aber ich finde, dass du alle Anlagen zum Mittelfeldspieler hast.«

Ich liebte Fußball, aber *das* liebte ich nicht. Von allen Seiten würden sie nun auf mich eintreten. Mir blieben gerade mal zwei

Sekunden am Ball, bevor ein Freizeitkicker, der sich als dreizehn ausgab, seine Stiefel in meine Schienbeine treten würde. Als Stürmer konnte ich auf die Flügel ausweichen und ein trockenes Plätzchen finden, aber in der Mitte stand mir der Schlamm bis über die Knöchel, sodass man das Patschen wahrscheinlich bis ans andere Ende des Parks hören konnte. Wir waren das kleinste Team der Liga und spielten gegen Typen mit richtigen Oberschenkeln – bei uns selbst waren sie nur die Verlängerung der Schienbeine nach oben. Es würde mich auf die Schnauze hauen und ich hätte gerade noch genug Zeit zu sehen, wie der Schiedsrichter ›weiterspielen‹ winkte, während ich wieder mal ein Maul voll Erde schluckte.

Mr. Smithies hatte seine ganz eigene charakteristische Art, deine Leistung zu kommentieren. Da war man dann noch nicht ganz auf Touren, man kämpfte darum, ins Spiel zu finden, oder der Platz brachte nicht gerade deine beste Seite zum Vorschein. Er konnte fragen, ob es dir nicht gut ging, du schienst heute nicht du selbst zu sein. Als ich das erste Mal ausgewechselt wurde, war ich fassungslos. Ich drehte mich um, als er auf mich deutete; garantiert meinte er einen anderen Spieler. Einer der anderen Jungs musste es mir erst bestätigen.

»Ich glaube, er meint dich.«

Der Schmerz kam schlagartig und war immens. Ich sollte zur Seitenlinie laufen und den Einwechselspieler abklatschen, aber meine Unterlippe zitterte und ich spürte einen Stich in meinem Brustkorb. Nach all dem Laufen, Jagen und Kicken war die andere Seite der Linie ein sehr ruhiger, kalter Ort. Zum ersten Mal bemerkte ich den getrockneten Schlamm auf meinen Knien. Meine Fußballschuhe fühlten sich plötzlich schwer und sperrig an. Jemand warf mir eine Trainingsjacke zu, aber meine Finger waren steif und schienen jemand anderem zu gehören, als ich mit dem Reißverschluss kämpfte. Ich war nicht in der Lage, zu meinem Vater zu gehen. Aus Angst, in meine Richtung zu schauen, tat er so, als beobachte er das Spiel. Es wird ihm ebenfalls wehgetan haben. Es sollte ja eigentlich Spaß machen, wenn sich ein paar Schulfreunde am Wochenende trafen, ein bisschen rumkickten, ein bisschen lachten.

Simon Thompson, der Einwechselspieler, war kein toller Spieler. Aber heute war er auf dem Platz großartig. Er rangelte, kämpfte, grätschte, ballte die Fäuste. Am Spielfeldrand stimmten die versammelten Eltern Lobgesänge auf sein Talent an. Nur wenige Meter davon entfernt fühlte sich ein 13-jähriger Junge, der in dieser Saison acht Tore gegen die Spotland Rovers erzielt hatte, wie eine Rauchschwade, die gleich weggepustet werden würde.

Die letzten paar Spiele der Saison 1977/78 fanden vor armseliger Kulisse statt; bei acht Spielen lag die Besucherzahl unter 1.000. Mit 734 kamen gegen Reading am wenigsten, aber auch gegen Torquay United und gegen Grimsby Town waren es unter 800.

Der Club fälschte absichtlich die Zahlen und gab dann normalerweise irgendetwas zwischen 1.000 und 1.050 an. Obwohl der Verein dafür mehr Steuern zahlen musste, konnte er nur so das wahre Ausmaß des Zuschauerrückgangs verschleiern. Regelmäßige Besucherzahlen unter 1.000 hätten unweigerlich für Negativschlagzeilen gesorgt und wären dem Wiederaufnahmeantrag in die Liga ziemlich abträglich gewesen.

Dad war in Aufruhr. Er war dafür verantwortlich, O'Loughlin und Smithies zu unserem Club geholt zu haben, und trug damit auch unabsichtlich Schuld an der Degradierung seines Sohnes vom Stürmerstar zum Gehilfen von Eunice Copestick beim Schälen der Halbzeitorangen.

In der Fußballersprache ausgedrückt war ich bei O'Loughlin und Smithies ›in Ungnade gefallen‹ und sie hatten mich schrittweise aus dem Team bugsiert. Das war die übliche Strategie (obwohl ich sicher bin, dass sie das nicht aus purer Niedertracht machten): Ein Spieler wird herausgepickt und bestimmte Teilaspekte seines Spiels werden infrage gestellt. Er wird auf einer anderen Position aufgestellt, in sicherem Wissen darum, dass sein

Selbstvertrauen untergraben und sein natürliches Spiel beschädigt wird. Zum Beispiel wird ein Rechtsfüßer auf der linken Seite aufgestellt. In den meisten Fällen wird er sich abquälen. Der Trainer kann sich dann mit verschränkten Armen zurücklehnen, den Kopf schütteln und bedauernd erklären:

»Seht, er quält sich immer noch ab nach allem, was ich unternommen habe, um ihn im Team unterzubringen.«

Paul Foster wollte später einmal Ingenieur werden, aber als ich beschloss, Maschinenschreiben zu lernen, um meine Chancen zu steigern, Autor zu werden, fragte er, ob er aus seinem Metallarbeitskurs aussteigen konnte, um mit mir zusammen zu sein. Wir saßen ganz hinten und die Lehrerin, Miss Savage, machte ein großes Getue um uns. Sie hatte noch nie zuvor Jungen unterrichtet und schimpfte sich andauernd selbst, wenn sie uns wieder einmal vergessen hatte:

»Okay, Mädchen, fangen wir an.« Sofort schnellte sie ihren rechten Arm heraus und wedelte damit in der Luft herum, um sich selbst zu ermahnen: »Verzeihung, die Herren da hinten. Nur ein kleiner Zungenausrutscher.«

Die Mädchen wendeten ihre Blicke nach hinten. Paul zog eine Grimasse und schob seine Kassenbrille auf die Nasenspitze:

»Du böse, böse Lehrerin.«

Paul hatte eine kleine Schwester und einen Bruder, Mark, der ungefähr zehn war. Er war ein süßes Kind, immer zu Streichen aufgelegt und zappelig. Als ich ihn das erste Mal sah, war er ganz offensichtlich krank. Seine Haut war gelbgrün und er sprach mit einer tiefen Stimme, die gelegentlich versagte. Er hatte eine Form von Leukämie, bei der es kaum Aussicht auf Heilung gab. Paul erzählte mir das zwar, aber ich sah Mark immer durchs Haus stürmen, im Wohnzimmer vor dem Fenster auftauchen, um zu sehen, ob jemand käme, und ich konnte es einfach nicht glauben: Wie sollte diese ungeheure Energie jemals ausgelöscht werden?

Die beiden Brüder schliefen im selben Raum, Mark im Bett am Fenster und Paul auf der anderen Seite in einem alten Doppelbett aus Holz. Wenn wir etwas spielten, gesellte sich Mark normalerweise zu uns und wollte unbedingt mitmachen.

»Darf ich mitspielen? Ich bringe auch nichts durcheinander, wirklich.«

Wegen der Medikamente, die er nehmen musste, geriet seine Stimme ziemlich oft zu einem trockenen Krächzen, und wenn man ihn nicht kannte, konnte das von einem kleinen Kind ziemlich gruselig klingen. Paul sagte ihm, er könne nicht mitspielen, wir seien gerade mittendrin.

»Bitte«, bettelte er.

»Nein, verpiss dich gefälligst und such dir einen gleichaltrigen Spielkameraden.«

»Gut, dann sag ich's meiner Mum.«

Er ging bis zum Treppenabsatz und wartete ein paar Sekunden. Wir konnten hören, dass er nicht nach unten ging. Schließlich kam er wieder rein.

»Ich hab mit Mum gesprochen und sie hat gesagt, du sollst mich mitspielen lassen, sonst setzt es was.«

»Wir wissen, dass du lügst«, sagte Paul.

»Nein, genau das hat sie gesagt. Hat sie. Ehrlich.«

Paul tat so, als würde er Mark jagen, und der sprang auf sein Bett, um ihm zu entkommen.

»Wenn Mum vom Einkaufen zurückkommt, erzähl ich ihr alles über dich«, schrie Mark.

»Ach so, sie ist beim Einkaufen? Wie kannst du dann gerade mit ihr gesprochen haben?«

»Hau ab, hörst du? Hau bloß ab!«, sagte Mark und begrub sein Gesicht in der Bettwäsche.

Mark verbrachte dann viel Zeit im Krankenhaus. Er bekam Bluttransfusionen und sie hofften, einen Knochenmarkspender zu finden. Seine Eltern hatten auf ihren Autofenstern Aufkleber mit dem entsprechenden Aufruf des Krankenhauses.

Eines Abends versammelten wir uns nach dem Training um O'Loughlins Auto. Er kurbelte das Fenster herunter und sagte uns, wo wir uns zum nächsten Spiel treffen sollten. Gerade als er losfahren wollte, erlag ich der Versuchung. Schließlich musste jemand ebenso verwegen wie unbesonnen unserem heimischen Fußballprofi *Making Plans for Nigel* von XTC vorsingen, das damals im Radio rauf und runter gespielt wurde. Dieser jemand wollte verzweifelt beweisen, dass er nicht schlapp oder arrogant war, weil sein Vater das Team, für das sie alle spielten, ins Leben gerufen hatte. Trotz allem schmiedeten wir Pläne für Nigel. Er starrte mich an, die Augen tief in ihren Höhlen sitzend:

»Nicht witzig, überhaupt nicht witzig«, sagte er und raste vom Parkplatz.

Er machte nur Spaß.

An dem Sonntag, an dem Mark starb, waren wir unterwegs. Paul war ein paarmal bei uns vorbeigekommen, aber er traf uns erst am frühen Abend an, als es schon dunkel geworden war. Er weinte nicht, als er es uns sagte, aber seine Augen waren rot und die Augenpartie angeschwollen. Mein Vater sagte ›Tut mir leid, Junge‹ und Mum ging in die Küche, um eine Tasse Tee zu machen; sie wollte nicht, dass wir sie heulen sahen.

Als wir ein paar Stunden *Striker* und *Subbuteo* gespielt hatten, war es Zeit für ihn, zu gehen. Wir blieben an der Haustür stehen. Ich wollte nicht, dass er ging, und bat ihn, über Nacht zu bleiben. Ich schob ihn mehr oder weniger ins Haus zurück und zwang so meine Eltern, ihm zu sagen, dass er hier übernachten konnte.

»Natürlich kannst du bleiben. Du bist hier immer willkommen.«

Er dankte meinem Vater und nannte ihn dabei beim Vornamen (ich hatte so etwas noch nie zuvor von einem meiner Freunde gehört), wollte aber doch lieber heimgehen. Zurück auf der Türschwelle sagte Paul, er müsse sich daran gewöhnen, dass Mark nicht mehr da sei, und dass es wichtig sei, weiterzuleben; sein Dad hatte mit ihm gesprochen. Er ging und ich schaute ihm nach, wie er die Straße hinauf verschwand. Mum hatte ihn gebeten, die gut beleuchtete Hauptstraße zu nehmen, aber ich wusste, dass er am Kanalufer entlanggehen würde.

9

Die Party kreist nicht um ihn

Im Sommer 1978 wurde Wigan Athletic in die Football League aufgenommen. Als die Nachricht publik wurde, gingen viele davon aus, sie würden Rochdale ersetzen.

Doch obwohl wir am Ende der Saison sieben Punkte hinter Southport gelegen hatten, wurden sie stattdessen hinausgewählt. Offenbar waren ihre ›Vorstrafen‹ in die Entscheidung eingeflossen. Sie hatten drei aufeinanderfolgende Saisons als Vorletzte abgeschlossen. Auch bei ihnen war das Personal gekürzt worden und in einem Spiel hatten sie sogar mit einem Feldspieler als Torwart spielen müssen.

Southport war nach Bradford Park Avenue, Barrow und Workington die vierte Mannschaft in neun Jahren, die ihren Ligaplatz verlor. Die Lobby, die den Übergang von der Football League in die Non-League durchlässiger machen wollte, war klar in der Überzahl, und eine weitere desaströse Saison hätte für Rochdale den beinahe sicheren Ausschluss aus der Liga bedeutet.

Rochdales alternative Presse, die *Rap*, wurde in der Stadt zumeist an Kiosken verkauft. Sie hob sich von den anderen Zeitungen und Zeitschriften ab, weil sie klein und auf dünnem, gebleichtem Papier gedruckt war. Wenn man die Seiten aufschlug, fühlte sie sich trocken und spröde an, als ob sie gleich zu Staub zerfallen würden, wenn man sie zwischen den Fingern rieb.

Ich las die *Rap* fast jeden Monat. Das gab einem eine andere Sichtweise auf Rochdale als der *Rochdale Observer*. Die Artikel kreisten um die Fabrikanten in der Stadt, um Parlamentarier, städtische Beamte, Stadträte, Rechtsanwälte, Doktoren, Großgrundbesitzer, Rotarier, Freimaurer und, etwas später, um einen treuen Anhänger des Rochdale AFC. Ihnen wurde mit diebischer Freude aufgelauert, besonders Cyril Smith, Rochdales notorisch fettem Parlamentsabgeordneten. Ihrer Ansicht nach war er eine Schlange, die einen Schutzring um eine Verschwörung der Selbstbedienung und der Vetternwirtschaft bildete, nichts weniger.

Smith wurde in einem Comic Strip namens *Fatman* verspottet. Rog Dale (*Fatman's* ›wirklicher‹ Name) ist schüchtern und ängstlich. Während er sein Essen aus Kuheuter und Schwarzen Erbsen in sich hineinschlingt, meckert er seine Mutter an, dass er im Gegensatz zu Gracie Fields wohl niemals berühmt werden würde. ›Doch, das wirst du, mein Kind‹, versichert sie ihm. Zu späterer Stunde reibt er an einem magischen Hufeisen und verwandelt sich in *Fatman*, der in seinem Umhang in den Himmel aufsteigt.

Meine Mutter mochte Cyril Smith. Die meisten Mütter mochten ihn, weil er ›Rochdale auf die Landkarte‹ gebracht hatte. Sie hatte ihn auf dem Markt beim Einkaufen gesehen und er war zu jedermann nett und freundlich.

»Ich wünschte, sie ließen ihn einfach in Ruhe. Warum fallen nur alle über ihn her?«

Als Dad bei einem Auftrag ein Exemplar der *Rap* in die Hände fiel, schaute er zwar mal kurz rein, aber wahrscheinlich hätte er sich – wie die meisten Leute aus Rochdale – irgendwie unrein dabei gefühlt, sie selbst zu kaufen. Sie druckten Privatadressen, Telefonnummern und Fotos der Häuser der Reichen und Mächtigen der Stadt ab. Ein Titelbild zeigte Fotos von Anwesen, die den Immobilienmaklern der Stadt gehörten. Dad schüttelte den Kopf:

»Nicht zu fassen, dass sie damit durchkommen.«

Mir jagte der Gedanke Angst ein, Rochdale könnte seinen Ligastatus verlieren. Ich wusste instinktiv, dass uns dieser unbestreitbar von den anderen abhob. Wir waren Mitglied der ältesten Liga der Welt, genau dieses exklusiven Clubs, dem auch Manchester United, Liverpool und so weiter angehörten. Trotz jämmerlicher Saisons und schmachvoller Niederlagen waren wir fünfzig Jahre lang in diesem erlesenen Kreis geblieben.

Mein Leben verlief im Einklang mit dem Herzschlag des Vereins. Das betraf auch den Wechsel der Jahreszeiten. Im Sommer erschienen wir hemdsärmelig mit dünnen Jacken über dem Arm. Die Luft roch nach gemähtem Gras und Optimismus. Die Bäume hinter der Sandy-Lane-Kurve waren stark und grün. Das Sonnenlicht tanzte über das Spielfeld und verstreute überall seine Schatten.

Der Herbst brachte Nebel, Nieselregen und das Grauen, wenn wir unweigerlich in der Liga abrutschten. Anfang November brannten in der *Bonfire Night* die Freudenfeuer in den Hintergärten und auf den entlegenen Hügeln. Im Januar schaufelten Freiwillige den Schnee zu einer dicken weißen Mauer um das Spielfeld zusammen. Aus dem noch verbliebenen schmutzigen Schnee wurden gelegentlich kleine Kügelchen geformt, die dann in Richtung der Spieler losgeschickt wurden. Auf den Tribünen wurden die Kaffeetassen fest in den kalten Händen gehalten.

Im März und April fiel immer noch Regen, aber schon etwas leichter. Manchmal zerlegte die Sonne die Tropfen in die Regenbogenfarben. Wenn wir in so einem surrealen Moment ein Tor erzielten, kam einem das vor wie aus einer anderen Welt, so als ob wir uns selbst dabei zuschauten, wie wir unserer Mannschaft beim Tore schießen zuschauten.

Bei den letzten Saisonspielen Anfang Mai hingen die Jacken wieder über den Armen, die warme Luft zog über die Tribünen. Die Blätter waren an die Bäume zurückgekehrt. Die Leute, die in Stadionnähe wohnten, lehnten an ihren Gartentüren, wenn wir vorbeikamen. Kinder spielten in der Einfahrt, kleine Mädchen schwirrten in den Schuhen ihrer Mütter umher, der Familienhund räkelte sich im Sonnenschein. Das Spielfeld war trocken und hart, der Ball versprang, die Spieler eilten an die Seitenlinie zu den Wasserflaschen. Wieder war ein Jahr vergangen.

Cyril Smith, ohne magisches Hufeisen.

In der Sommerpause ging Rochdale eine verhängnisvolle Neuverpflichtung ein. Mike Ferguson holte Phil Ashworth, der sowohl bei Workington als auch bei Southport der treffsicherste Spieler gewesen war, als sie in zwei aufeinander folgenden Saisons ihren Ligastatus verloren.

Sie begannen die neue Saison wie sie die alte beendet hatten und brauchten geschlagene vierzehn Spiele bis zum ersten Sieg. Während dieser Negativserie schaffte Wigan Athletic – man konnte es beinahe schon erwarten – seinen ersten Ligasieg aller Zeiten, indem sie im September Rochdale mit 3:0 schlugen. Wenigstens hatte sich die Auswärtsform verbessert, zumindest leicht. Das 0:0-Unentschieden bei Newport County war das erste Auswärtsspiel ohne Gegentreffer seit zweiunddreißig Spielen.

Die Auslosung für die erste Runde des FA Cups war wieder gemein. Ein Gegner aus der Football League hätte dem Verein das erwartete unauffällige Ausscheiden garantiert (die wenigsten hätten mit dem Gedanken an einen Sieg gespielt), aber uns wurde Droylsden aus der Cheshire League zugelost.

Wir verloren 0:1 und wurden die dritte Saison hintereinander von einem Team aus Amateurfußballern aus dem Wettbewerb geworfen.

»Wir hatten keinen Charakter, keinen Stolz, kein gar nichts«, sagte Ferguson.

Simon Roberts' Vater war Mitglied der Labour Party und der einzige Mensch, den ich kannte, der die *Rap* abonniert hatte. Ich erzählte ihm, dass ich sie manchmal kaufte, normalerweise an Finnertys Kiosk in der Stadt. Er wandte sich mir in seinem Sessel zu und griff nach der Zeitschrift unten auf dem Beistelltisch. Er wedelte damit, während er sprach.

»Dieses ganze Zeug über die Bosse, was sie verdienen und was sie im Schilde führen, *das* ist interessant und das, was wir wissen wollen. Alles andere lenkt die Leute nur ab.«

Ich muss wohl etwas verwirrt dreingeblickt haben. Er seufzte:

»Weißt du, das ganze andere Zeug hier drinnen über die Zuschüsse für Schwule, damit sie überall ihre Zentren eröffnen können – *das* wollen wir nicht lesen. Das geht den Leuten am Arsch vorbei. Bringt überhaupt nichts. Quatsch. Und hast du diesen Brief* hier gelesen? Eine Spinnerei, so einen verdammten Brief abzudrucken.«

Er stammte von der *Rochdale Women's Liberation Group*, die an einer Anzeige in der Zeitung für die *Sauna Corner* in der Yorkshire Street Anstoß genommen hatte, weil dort Frauen – neben anderen Behandlungen – Augenbrauenkonturierung für 50 Pence, das Wimperntuschen zum selben Preis und ein Hautpeeling für ein Pfund angeboten wurde. Die Gruppe kritisierte, das ›lehre Frauen, sich ihres Körpers zu schämen‹.

Mr. Roberts schüttelte den Kopf.

»Was für ein Haufen Katzenscheiße.«

Bis Weihnachten hatte Rochdale nur zehn Punkte geholt und war Vorletzter. Mike Ferguson wurde gefeuert und Doug Collins, früher Spieler bei Burnley, wurde zum Spielertrainer ernannt. Der Presse gegenüber gab er sich alle Mühe, um den heißen Brei herumzureden:

»Mein Ziel wird es sein, dem Namen des Rochdale AFC neuen Glanz zu geben, wie Sie es vielleicht ausdrücken würden. In gewissen Kreisen könnten ein paar Leute in letzter Zeit versucht haben, Rochdale lächerlich zu machen. Meine Absicht ist es, jede Möglichkeit auszuschließen, das Wort ›Witz‹ in einem Atemzug mit Rochdale auch nur zu erwähnen. Dies ist eine anspruchsvolle Aufgabe.«

Man konnte seinen Eifer förmlich von den Fotos ablesen. Man sah ihm seine Bereitschaft an, jeden Moment aus dem Rahmen zu steigen und geschäftig ans Telefon zu gehen, die Jacke überzuzie-

* Ich habe die Ausgabe mit diesem Brief aufgehoben. Besser kann man diese verrückten politisch korrekten Zeiten nicht auf den Punkt bringen.

hen und zum Auto zu hetzen. Er musste sich aber noch in Geduld üben, weil Rochdale, wie auch der Rest Großbritanniens, unter Schnee lag. Die Autofahrer saßen auf der M62 fest und in Wardle erreichten die Schneewehen eine Höhe von über zwei Metern. Es vergingen drei Monate ohne Heimspiel.

Im März, als das Spotland auftaute und der Fußball endlich zurückkehrte, hatte Collins eine Heldentat zu vollbringen, die schon an ein Wunder grenzte.

Ich schmiedete einen Plan, um an ein Gratisticket für ein Heimspiel von Rochdale zu kommen. Ich weiß gar nicht, warum ich das tat; ich bekam ein ordentliches Taschengeld und den Lohn vom Zeitungaustragen, sodass überhaupt keine Notwendigkeit bestand, ein derlei feiges Doppelspiel zu betreiben.

Im Laufe der Saisons hatte ich mir den Namen ›Alex McGregor‹ aus der Mannschaft von Aldershot notiert. Ich wusste weder wie er aussah noch auf welcher Position er spielte. Ich mochte einfach den Klang seines Namens – die Silben, die wie Zimbeln aneinanderschlugen.

Ein paar Tage bevor wir gegen Aldershot spielen sollten, schrieb ich ihm und teilte ihm mit, dass er mein Lieblingsspieler in unserer Liga war. Ich würde ihn liebend gern gegen Rochdale spielen sehen, aber leider konnten es sich meine Eltern nicht leisten, mir ein Ticket zu kaufen. Ich erhielt postwendend eine Antwort. Er sei ›erfreut, von mir zu hören und zu erfahren, dass ich seine Art zu spielen bewunderte‹. Er versprach, zwei Karten an der Kasse vom Spotland zu hinterlegen (›eine für dich und eine für deinen alten Herrn‹). Er schrieb auch noch, der Umschlag enthalte zudem Pässe für die Spielerlounge. Wir könnten nach dem Spiel etwas zusammen trinken. Er versprach mir ein Glas Limonade.

Wir warteten bis kurz vor Anpfiff, ehe wir die Tickets abholten. Wir hatten Angst, McGregor könnte – womöglich in seinem Trikot – in der Nähe der Kasse lauern, um unsere Hände zu schütteln und seinen beiden größten Fans überschwängliche Dankbarkeit entgegenzubringen.

Das Spiel wurde von unserer Befürchtung überschattet, der Stadionsprecher könne uns namentlich ausrufen und uns daran erinnern, dass wir uns anschließend mit McGregor treffen sollten. Nach dem Schlusspfiff gingen wir schleunigst heim. Ich war immer noch besorgt: McGregor hatte unsere Adresse. Er könnte sich Sorgen machen, dass ich nach dem Spiel krank geworden sei und ihn deshalb nicht in der Lounge hatte treffen können. Ich ging sofort zu Bett und lauschte ängstlich, ob nicht der Mannschaftsbus an unserer Einfahrt anhielt und ein paar Schritte lauter wurden, bis sie die Haustür erreichten.

»Ist Ihr Sohn zu Hause? Wir wollten uns eigentlich heute Abend treffen.«

Doug Collins setzte einen Formanstieg in Gang, der alles in den Schatten stellte, was der Verein jemals erreicht hatte. In der vorangegangenen Saison konnten sie in vierundvierzig Spielen nur sieben Siege erringen. Am Ende der Saison 1978/79 gewannen sie dagegen sieben ihrer letzten acht Spiele.

Das herausragende Ergebnis war ein 3:0-Sieg in Barnsley. Barnsley hatte die ganze Saison um den Aufstieg mitgespielt und von ihnen war ein klarer Sieg gegen ihre Gäste erwartet worden. Les Barlow, der Sportreporter, der für den *Rochdale Observer* den Werdegang des Vereins begleitete, war für seinen knappen, pragmatischen Stil bekannt, aber dieser Sieg versetzte ihn in ungewohnte Euphorie. Unter der Schlagzeile ›Wunderbares zauberhaftes Rochdale‹ schrieb er: ›Dieser Sieg wird als einer von Rochdales größten aller Zeiten in die Geschichte des Vereins eingehen.‹

Bei der entscheidenden Schlacht, um den Antrag auf Wiederaufnahme in die Liga noch abwenden zu können, musste Rochdale nun im letzten Spiel bei Crewe Alexandra zumindest einen Punkt holen – und gewann 2:1.

Ich hatte Alben und Spiralordner, in denen ich meine Zeitungsausschnitte und Kunstwerke aufbewahrte, aber meine Korrespondenz mit Mountford und anderen Spielern hütete ich an einem besonderen Ort: in einer kleinen ausstaffierten Schachtel mit einem goldenen Verschluss. Der Deckel war geädert und das Innere mit einem weichen kirschfarbenen Stoff ausgeschlagen. Es war wie ein Schmuckkästchen, nur ohne die sich drehende Fee obendrauf.

Nachdem diese Briefe schon ein paar Jahre lang liebevoll weggeschlossen waren, wartete einmal meine damalige Freundin in meinem Zimmer, während ich ein Bad nahm. Sie bemerkte eine halboffene Schublade, in der sich diese Schachtel befand, und dachte, sie hätte eine Sammlung in Ehren gehaltener Liebesbriefe entdeckt. Sie konnte der Versuchung nicht widerstehen. Der erste, den sie fand, war der von Mountford, der in zartes rosa Seidenpapier eingeschlagen war. Sie las unter anderem meine Korrespondenz mit David Jackson, dem schnauzbärtigen Mittelstürmer von Buckie Thistle, und sie studierte Terry Gennoes Liste seiner zehn besten Paraden aller Zeiten.

Als ich die Haare rubbelnd und pfeifend in das Zimmer stolzierte, würgte sie nur ein Wort über ihre Lippen:

»Irrer!«

Wenn Rochdale gegen Crewe verloren hätte, wären sie mit an Sicherheit grenzender Wahrscheinlichkeit ihrer Ligazugehörigkeit verlustig gegangen. Der Verein war sich dessen bewusst, dass der Goodwill, mit dem sie immer wieder in die Liga zurückgewählt wurden, nicht ewig anhalten konnte. Der Clubvorsitzende Fred Ratcliffe hatte einen Großteil dieser Unterstützung kraft seiner Persönlichkeit eingefahren.

Ich erfuhr schon, kurz nachdem ich das erste Mal im Spotland gewesen war, von Freds Bedeutung. Die Fans sprachen mit großer Zuneigung über ihn. Er war als ›Little Freddie‹ bekannt, weil er nur knapp einen Meter fünfzig groß war. Er war oft im *Rochdale Observer* abgebildet. In einer Reihe strahlender Gesichter und Smokings bei einem Sportlerdinner fiel Fred ziemlich auf: auf Schulterhöhe der anderen, mondgesichtig, den Kopf tief auf den Schultern, mit blassen Augen hinter seiner Nickelbrille. Irgendeine Welle musste ihn wohl zwischen diese großen, schönen Leute gespült haben und er schien sich unwohl zu fühlen, so als wäre er lieber anderswo. Im Spotland wahrscheinlich.

Er war Geschäftsführer von FS Ratcliffe Springs und steckte seit zweiunddreißig Jahren einen Großteil deren Gewinne in den Fußballclub. Die Arbeitsbedingungen in seinen Werken waren, wie in den meisten anderen in Rochdale auch, bescheiden. Es wurde lange gearbeitet und wenig bezahlt. Viele der 320 Angestellten hassten Fred, weil er einen Rolls-Royce fuhr und sich in teure Schafwollmäntel kleidete. Er umgab sich gern mit attraktiven Frauen, die grundsätzlich deutlich jünger waren als er, und seine Hingabe für den Rochdale AFC und verschiedene Fußballorganisationen verschaffte ihm soziales Ansehen, da er sich mit berühmten Spielern und Trainern sehen lassen konnte. Diese Tatsachen sowie sein Millionärsstatus und sein angebliches Einkommen von fast 600 Pfund pro Woche machten ihn zu einem gefundenen Fressen für die *Rap*.

Eine Großtante von uns starb, und als wir ihren Hausstand auflösten, kam Dad die Idee zu einem Familienunternehmen. Wir könnten uns als Trödelhändler selbstständig machen und ihre Sachen als Grundstock verwenden; genau das hätte sie sicher gewollt.

Also mietete er für einen Monat einen Stand auf dem Flohmarkt, immer mittwochs. Es war Juli und meine Schwester und ich konnten mithelfen, da wir keine Schule hatten.

Nachdem wir zum ersten Mal aufgebaut hatten, schlenderte ich ein paar Gänge hinunter und kam an einem Ölgemälde vorbei, das einen orientalisch aussehenden Mann zeigte, der auf einer Mole saß.

»Entschuldigung, wie viel kostet das?«

»Fünfzig«, gab die Standbesitzerin zurück.

Das erschien mir angesichts der Tatsache, dass es nicht einmal gerahmt war und zusammen mit anderen Bildern in einer großen Holzkiste steckte, ziemlich teuer. Sie rief mir nach:

»Unter 50 Pence kann ich nicht mehr gehen, mein Lieber.«

Fred Ratcliffe, Spotlands Retter.

Im Laufe einer Woche verfolgten die Reporter der *Rap* Freddie Ratcliffe als Teil einer ›besonderen Untersuchung‹. Sie fanden heraus, dass er nach einem Spiel im Spotland den Pub *Hare and Hounds* in der Bury Road, Rochdale, besucht hatte, wo er ›fernab der anderen bei einer knapp vierzigjährigen Blondine saß, die neben seinem Barhocker stand. Es handelte sich offenbar um eine ziemlich enge Beziehung, da sie sich oft an ihn schmiegte und sie miteinander tuschelten.‹

Am nächsten Tag ›tauchte Ratcliffe in einer anderen Bar auf, wieder mit seiner Begleiterin vom Vorabend (namens Marjorie, wie man inzwischen weiß). Sie kümmerte sich um ihn, verschüttete seine Drinks, kuschelte sich eng an ihn und brachte ihn zum Lachen.‹ Sie stellten fest: ›Wo auch immer wir Fred sahen, die Party kreiste nicht um ihn.‹

Freds restliche Woche beinhaltete Besuche von Pubs, Hotels, Restaurants, Fußballspielen und Sportlerdinners, normalerweise in Marjories Begleitung. Seine Frau Florence saß derweilen offensichtlich zu Hause in ihrem Palast auf ihrem Grundstück über Rochdale.

Die *Rap* fasste seine Woche mit diebischer Freude akribisch zusammen: Er hielt sich dreizehn Stunden und dreiunddreißig Minuten in der Fabrik auf; er verbrachte vierundzwanzig Stunden in Pubs; dreißig Stunden an Hotelbars; und sein durchschnittlicher Alkoholkonsum lag schon zur Mittagszeit bei drei Halben Bier und drei Gläsern Whisky. Zudem hatte er in seinem Büro eine Cocktailbar. Die *Rap* kommentierte das in einem einmaligen gönnerhaften Anflug: ›Er kümmert sich wirklich mit ganzem Herzen um die Rettung des Rochdale AFC und ist auch bereit, seinen Worten Taten folgen zu lassen.‹

Der zweiseitige Bericht schloss mit den Worten: ›Wir beneiden ihn nicht. Aber wir kämpfen gegen ein System, das den wenigen Privilegierten derlei Exzesse erlaubt.‹

Der Prozedur zur Wiederwahl in die Liga auf schier unglaubliche Weise entwischt zu sein, schraubte die Hoffnungen in völlig neue Höhen. Der Rochdale AFC schien sich selbst neu zu erfinden, was auch durch die erste Neuverpflichtung in der Sommerpause bestätigt wurde. Alan Weir, der frühere Kapitän von Englands Jugendnationalmannschaft, verließ Sunderland, wo er nur begrenzte Chancen auf einen Stammplatz hatte, und entschied sich, seine Karriere bei Rochdale zu starten.

Wir hatten einen der besten Jugendfußballer des ganzen Landes unter Vertrag genommen, und wie alle Topspieler hatte er eine Dauerwelle. *The Razor's Edge*, ein Friseurladen in Rochdale, nutzte diese Gunst der Stunde und begann, im Stadionheft zu inserieren. Die ›Lockendauerwelle‹ kostete 10,50 Pfund und der ›Zottellook‹ 14,50 Pfund.

Rochdales nächste Verpflichtung war Dennis Wann von Darlington. Er war älter als Weir und hatte dünneres Haar, aber für eine Dauerwelle reichte es schon noch. Also für Umsatz.

Unter den Saisonvorbereitungsspielen gab es auch ein Heimspiel gegen Den Bosch aus der ersten niederländischen Liga. Wir begriffen das als Zeichen unserer neu gewonnenen Weltläufigkeit und starrten ungläubig auf die Mannschaftsaufstellung mit Namen wie Diet Kamps, Nol van de Proot, Tonnie Kanters und Peter Paarloos.

Fred und Marjorie schafften es aufs Cover der *Rap*, sodass kaum jemand in Rochdale diese Geschichte verpassen konnte. Diese Episode ließ die Belegschaft der Springs-Werke zwar sicherlich lauthals lachen, bei den Fußballfans steigerte sie seinen verwegenen Ruf aber wahrscheinlich eher noch. Letztlich war sein Lifestyle nicht gerade untypisch für diese reichen kleinstädtischen Selfmademen, die sich gerne einen Fußballclub leisteten. Für die Fans war er eine ›Type‹, ein besonders robuster kleiner Mann. Hatte man ihn erst einmal kennengelernt, vergaß man ihn oder seinen Verein nie wieder. Den Fans waren seine Untreue und seine Ausschweifungen mittlerweile ziemlich egal. Sie fragten sich, warum die Leute der *Rap* eine Woche ihres Lebens dafür verschwendet hatten, etwas herauszufinden, was ohnehin schon jeder wusste. Außerdem war Freddie Rochdalefan; also konnte er tun, was er wollte.

An einem ruhigen und warmen Sommerabend schlug Rochdale Den Bosch mit 7:2. Sie spielten einen Fußball, der wirklich *atemberaubend* war. Jeder Spieler machte das Spiel seines Lebens. Es war reinste Fußballpoesie, jeder Ball wurde wie von Geisterhand vorzüglich abgespielt und angenommen. Dennis Wann erhielt zum Beispiel eine Flanke auf seine Taille und verlagerte lässig sein Gewicht so, dass er den Ball auf direktem Weg oben ins Netz schickte. Er ging zurück zur Mittellinie und wehrte die Glückwünsche seiner Mannschaftskollegen ab: War doch nichts Besonderes, schließlich war er ja ein Künstler.

Hinterher schien Les Barlow sogar noch zu untertreiben, als er im *Rochdale Observer* lobhudelte: »Aufstieg ist für einige im Spotland ein Tabuwort, aber Tatsache ist, dass nur wenige Viertligisten mit einem Dale in dieser Form mithalten werden können.« Doug Collins hingegen mahnte ein ganz klein wenig zur Vorsicht:

»Es ist beinahe beängstigend, das zu sagen, aber wir waren brillant. Es würde mich wundern, wenn alles so einfach ginge.«

10

Nackte im Gras

Der Flohmarkt war voll von Leuten, deren Existenz man gar nicht mehr für möglich hielt oder die man nicht wahrgenommen hatte, weil sie sich sonst nie an einem Ort versammelten. Alte Damen, die zwischen den Ständen scheinbar kaum noch gehen konnten, wühlten sich energisch durch Berge von Second-Hand-Schuhen, manche paarweise zusammengebunden, die meisten aber lose.

»Haben Sie hiervon auch den anderen?«, fragten sie.

»Irgendwo da drinnen. Sie müssen halt schauen.«

»Ich habe schon geschaut, verdammt noch mal!«

Die Typen umringten die Werkzeugstände und kramten in Körben voller Zangen und Schraubenzieher.

»Was kostet der?«

»Ein Pfund fünfzig. Er ist fast neu.«

»Da ist aber ein bisschen Rost dran, hier.«

Der Händler nahm ihn und rieb ihn mit dem Daumen ab: »Jetzt nicht mehr.«

Den Bosch gab uns bald zu denken. Blackpool, zugegebenermaßen höherklassig, warf uns aus dem Ligapokal und Bournemouth schlug uns am ersten Saisonspieltag mit 2:0. Als wir Mitte September zu Halifax Town fuhren und 0:1 verloren, war nicht mehr zu übersehen, dass wir so schlecht wie immer waren. In den ersten sieben Spielen der Saison hatten wir nur einmal gewonnen.

Das Spiel in Halifax fand an einem nieseligen Dienstagabend statt. Es war am Ende des Sommers und es war am Ende des Funkens Hoffnung, der die Stadt für kurze Zeit ergriffen hatte. Ich fuhr mit dem Zug dorthin; Dad konnte nicht mitkommen, er musste länger arbeiten. Als die Fans nach dem Spiel wieder am Bahnhof von Halifax ankamen, schlugen die Enttäuschung und die Verbitterung in Zorn um. Wir wurden auf die Bahnsteige getrieben und dort von einer Reihe bellender Polizeihunde in Schach gehalten. Die Sprechchöre waren laut und derb. Fans drückten nach vorn, ein paar ganz vorn provozierten die Polizisten und schafften es, durchzubrechen und sich gegnerische Fans für den Kampf Mann gegen Mann herauszusuchen.

Ich sah ältere Jungs aus der Schule, viele von ihnen betrunken. Einer bat mich, auf die Gleise hinunterzuspringen und ihm ein paar Handvoll Steine zu geben, um die Polizisten zu bewerfen. Ich sagte, das sei zu gefährlich.

Der Zug fuhr ein und wir gingen lautstark an Bord. Ich setzte mich zwei Mädchen gegenüber, die vor ein paar Jahren meine Schule verlassen hatten. Sie schienen die einzigen Mädchen unter den Rochdale-Fans zu sein. Eine von ihnen hieß Maggie. Sie hatte dunkelbraune Augen, die durch einen verschmierten Eyeliner noch betont wurden. Im ganzen Zug konnte man ein Krachen und Geschrei hören. Ein Junge riss abrupt die Türen auf und schwankte herein:

»Vorne schlagen sie den verdammten Wagen kurz und klein. Sie versuchen, das Klo zum Fenster rauszuschmeißen.« Alle lachten.

Der Zug wurde systematisch zerstört und fiel unter den ganzen Tritten und Schlägen förmlich auseinander. Herausgerissene Sitze, Feuerlöscher und Waschbecken flogen am Fenster vorbei. Maggies Freund stand im Gang, verschwand öfter mal für ein paar Minuten, kam dann mit rotem Kopf zurück und küsste sie grob auf die Lippen. Sie musste das Gespräch mit ihrer Freundin abbrechen, als er ihren Hinterkopf packte und ihr Gesicht gegen seines drückte.

Der Zug wurde in Hebden Bridge gestoppt und fast 100 Rochdale-Fans wurden zurück nach Halifax gebracht, wo sie die ganze Nacht lang von der Polizei zu ihrer Sachbeschädigung verhört wurden.

Es musste sich herumgesprochen haben, dass wir neu waren, denn schon bald war unser Stand von Leuten umringt. Glücklicherweise grenzte er an den von Wally, der schon seit Jahren auf Flohmärkten verkaufte. Er trug Karohosen und war für einen Mann in seinen frühen Sechzigern noch recht flink auf den Beinen.

Er sagte uns, wie der Hase lief: Wir durften auf gar keinen Fall einfach damit zufrieden sein, unser Zeug irgendwie loszuwerden. Wir mussten auf der Hut sein, sagte er, sonst würden sie uns verarschen. Er warnte uns eindringlich vor *den Pakis.* Sie zahlten nie das, was man wollte. Sie würden feilschen, aber sie würden nicht fair feilschen. Sie würden dastehen und so lange ›5 Pence, ich geb dir 5 Pence‹ sagen, bis man vor Wut blau anliefe und es ihnen schließlich für 5 Pence verkaufte, nur um diese Scheißkerle wieder loszuwerden.

»Ich sag's euch: Feilscht nie mit einem Paki! Ihr könnt nur verlieren. Es gehört einfach zu ihrer Kultur, andere zu verarschen.«

Wally entging nichts. Es sah sofort alles. Er bewachte nicht nur seinen eigenen Stand, sondern passte auch auf unseren auf. Wir fragten uns, wovon er eigentlich lebte, weil er nur Dinge anbot, die fast niemand gebrauchen konnte oder die aussahen, als kämen sie direkt aus dem Müllcontainer. Er hatte zerrissene Lampenschirme, Schuhe mit herunterhängenden Sohlen, Halloweenmasken (im Sommer!), ›pfenniggute‹ LPs (also zerkratzt und mit zerrissenen Hüllen); veraltete Reiseführer zu den Äußeren Hebriden, Kassetten mit israelischen Folksongs, ausgewaschene T-Shirts, Action-Man-Figuren mit fehlenden Armen oder Beinen, ausgebleichte Malen-nach-Zahlen-Bilder.

Über seinem Stand hing an einem Stück Saite eine Gitarre. Ihr Gehäuse war verbeult und aus dem Furnier waren schon Holzstückchen herausgebrochen. Sie war ein Sinnbild für seinen Laden und trug einen Aufkleber: ›NFS‹. Niemand wusste, wofür die Buchstaben standen. Mehrmals am Tag fragten Leute:

»Was kostet die Gitarre, Kumpel?«

Wally schüttelte langsam den Kopf.

»Not for sale. Unverkäuflich.«

»Ach so, aber warum hängt sie dann an deinem Stand?«

Er hatte keine Zeit, so etwas zu diskutieren. Schließlich hatte er es ihnen ja schon gesagt.

»Not for sale. Unverkäuflich«, sagte er in genau dem gleichen Tonfall wie zuvor. Er stand absolut still, die Hände wie eingeschweißt in den Taschen seiner Strickjacke. Wenn sie dann murmelnd weitergingen, wandte er sich meinem Vater zu:

»Wie oft muss man ihnen das eigentlich sagen? Wie oft?«

Vier Tage nach dem Halifax-Spiel spielten wir zu Hause gegen Portsmouth. Als ich vor dem Anpfiff das Stadionheft las, entdeckte ich meinen Namen darin. Ein paar Wochen zuvor hatte ich an einem Wettbewerb teilgenommen, bei dem Schuljungen einen Spielbericht schreiben sollten. Mein Beitrag über das Spiel Rochdale gegen Walsall, in dem ich Alan Buckley als ›Stürmerknirps‹ bezeichnete, hatte gewonnen.

Nach dem ersten Anflug freudiger Erregung wurde ich nervös: Was war, wenn das jemand aus der Schule herausfand? Es schrieb doch niemand zu seinem Vergnügen, das war doch etwas, was man als Hausaufgabe machen *musste.* Das würde mir die gleiche Verachtung einbringen, als hätte ich einen Näh- oder einen Kochwettbewerb gewonnen. Außerdem: War es nicht ziemlich angeberisch, seinen Namen so abdrucken zu lassen? Was glaubte ich eigentlich, wer ich sei?

Ich hatte schon beinahe vergessen gehabt, dass ich überhaupt an dem Wettbewerb teilgenommen hatte, weil ich jetzt, mit fünfzehn, eigentlich fast andauernd schrieb. Ich verfasste immer noch Programme für die Spiele, in denen ich selbst spielte – oder eben nicht, wenn mich Smithies nicht aufstellte –, und das beanspruchte die meisten meiner Abende. Ich setzte mir selbst Deadlines und konnte nicht richtig schlafen, wenn ich hinter meinem Zeitplan her war. Ich schrieb auf einer riesigen Underwood-Schreibmaschine, die sich mein Dad einmal von einem Büro geschnorrt hatte, in dem er gearbeitet hatte.

Nachdem ich mich halbwegs vom Schock über Mountfords Weggang erholt hatte, führte ich auch die Alben weiter. Das kostete viel Zeit, zumal ich auf eine sprudelnde Materialquelle gestoßen war. Ich sammelte die alten Zeitungen und Magazine der Leute aus unserem Anwesen und stapelte sie in einen alten Kinderwagen, wenn ich so von Tür zu Tür ging. Ich durchsuchte sie nach Reportagen über Rochdale und von den meisten Wochen hatte ich die Spielberichte aller Tageszeitungen. Als die Garage mit Zeitungen voll war, rief Dad den Altpapierhändler an, der sie abholte. Wir verwendeten das Geld, um für die Mannschaft neue Trikots oder Bälle* zu kaufen.

Wir enttäuschten Wally. Wir verkauften unser Zeug einfach. Dad war zu schüchtern, um richtig zu feilschen. Wenn die alten Leute so heranschlurften, die Füße zu angeschwollen, um noch richtig in die Schuhe zu passen, die Klamotten zerfleddert, dann hätte er ihnen die Mäntel und Pullover am liebsten geschenkt. Dies waren Leute aus der Zeit von vor fünfzig Jahren, sie waren stehengeblieben, wühlten in den Altkleidern, suchten verzweifelt nach einem Schnäppchen, klopften an der Marktmauer den getrockneten Matsch von ihren Second-Hand-Schuhen ab. Ich glaube, es erinnerte meine Eltern an ihre Kindheit. Sie waren unter solchen Leuten aufgewachsen, unter denen es schon als vornehm galt, wenn man eine Toilette im Haus und genügend anständige Kleidung hatte, um sich am Pfingstsonntag auf die Straße zu wagen.

Die alten Damen durchstöberten die Kleidung, fragten bei jedem Stück, was es kostete, und Mum, die an der Seite stand, flüsterte:

»Sie soll es haben, gib es ihr einfach.«

Mum verbarg sich normalerweise zwischen den Kleidern, die von einem Holzbalken hingen, und kam nur in die Mitte des Standes, wenn es sich gar nicht vermeiden ließ. Die Kunden waren immer überrascht, plötzlich von der Seite her eine Stimme zu hören:

---

* Fußbälle waren damals noch sehr teuer. Mein Vater kann es immer noch nicht fassen, wenn er im Aldi oder sonstwo einen Korb voller Bälle sieht, die nur ein Viertel des Preises aus den späten 1970ern kosten. Manchmal kauft er dann einen für seine Enkel (die schon mehr als genug davon haben), einfach weil er es sich leisten kann.

»Das hat Größe 42.«

Dann suchten sie herum und sahen ihre Schattengestalt. Mum hatte Angst, von jemandem entdeckt zu werden, der sie kannte. Es war ihr peinlich, dass es mit ihrer Familie ›so weit gekommen‹ war. Sie war der Ansicht, man solle hart arbeiten und sparen, dann müsse man keine Second-Hand-Sachen kaufen. Und schon gar nicht *verkaufen*, das war noch schlimmer.

Innerhalb von ein paar Wochen hatten wir unsere gesamte Ware entweder verkauft oder verschenkt und damit kaum die Standmiete wieder eingespielt.

Im Sommer wurde Doug Collins noch wie eine Gottheit verehrt, aber ein paar Monate später war diese Aura weitestgehend verschwunden. Von den ersten zwanzig Spielen der Saison 1979/80 gewann Rochdale nur zwei. Der anfängliche Optimismus war einer herben Enttäuschung gewichen.

Die Fans schrieben Leserbriefe an den *Rochdale Observer*: ›Erbärmlicher Mist‹; ›Rochdale als Fußballmannschaft zu bezeichnen, kommt einem Etikettenschwindel gleich‹; ›Eine Schande, schmachvoll und widerlich‹; und schließlich ›Ich beschwöre Mr. Collins, zum Skalpell zu greifen und so lange zu operieren, bis der Dale wieder gesund ist‹.

Ein Hauptquell dieser Unzufriedenheit war Collins' geringe Neigung, sich selbst aufzustellen. Während seiner Amtszeit stand er nur sechsmal in der Startelf. Er war als Spielertrainer engagiert, also empfand man das so, dass er nur seinen halben Job machte. Mutig trat er dem entgegen:

»Wie kann ein Kerl fit fürs Spielen sein, wenn er die Verantwortung für die ganze Welt auf seinen Schultern trägt, wenn er wegen der schlechten Ergebnisse nicht mehr schlafen kann und wenn er vom Training so geschlaucht ist, dass er die richtige mentale Einstellung zum Fußballspielen einfach nicht mehr finden kann?«

Der Schlusspfiff, die nächste Heimniederlage.

Ein paar von uns wurden auf eine Party eingeladen. Na gut, wir hatten von ihr nur zufällig erfahren und kannten halt den Gastgeber und er ... naja, irgendwie mochte er uns, ein bisschen zumindest, dachten wir, wahrscheinlich.

Wir liefen mit tütenweise selbst gebrautem Bier, das wie kalte Ochsenschwanzsuppe schmeckte, durch die Gegend. Die genaue Hausnummer oder die Straße brauchten wir gar nicht zu wissen: Den Lärm hörte man schon von Weitem. Vor unserem Aufbruch hatten wir uns ein paar kleine Schlückchen gegönnt, sodass wir schon kicherten und ab und zu anhalten mussten, um in die Büsche oder eine Einfahrt zu pinkeln. Wir fanden das Haus, aber es dauerte eine ganze Weile, bis jemand auf uns aufmerksam wurde und uns endlich die Tür öffnete.

Überall waren Jugendliche – im Wohnzimmer saßen sie auf dem Sideboard und auf dem Phonoschrank; im Gang kickten sie mit einem kleinen Plastikfußball herum; auf der Treppe rutschten sie nur widerwillig zur Seite, wenn jemand vorbei wollte; und im Schlafzimmer hüpften sie auf dem Bett herum oder lachten über die Hochzeitsfotos, die sie in einer Schublade gefunden hatten. Nur die Mädchen und die Zwölftklässler hatten ihre Drinks ordentlich abgestellt und knallten sie in der Küche nach jedem Schluck wieder auf den Tisch. Alle anderen behielten ihre Vorräte in Griffweite und ließen andauernd verstohlen ihre Hände nach unten gleiten, um in den Plastiktüten zu ihren Füßen danach zu angeln.

Mit fünfzehn war das Trinken für mich noch etwas Neues und ich befand mich innerhalb kürzester Zeit in einer aus den Fugen geratenen anderen Welt. Plötzlich konnte man ganz einfach Mädchen ansprechen, sie dreist anmachen und dabei Dinge laut aussprechen, die man sich ansonsten höchstens dachte. Ein Junge kotzte ins Waschbecken, hielt sich seitlich fest und ging bei jedem Würgen in die Knie. Sein Kumpel schnappte sich kichernd eine Flasche und zog sie ihm mit voller Wucht über den Hinterkopf. Die Flasche prallte ab und landete auf dem Boden.

Auf meinem Weg zum Klo rempelte mich auf der Treppe versehentlich ein Junge an. Ich kannte ihn vom Sehen her von der Schule. Er war jünger als ich.

»Pass doch auf!«, schnauzte ich ihn an.

»Tut mir leid, wirklich«, sagte er.

Er war etwa so groß wie ich. Ich konnte Angst in seinen Augen sehen.

»Mach das nicht noch mal, okay?«

»Nein, bestimmt nicht. Es war ein Versehen, ich wollte nur vorbeigehen«, stieß er hervor.

Ich packte ihn am Hemd und schob mein Gesicht nahe an das seinige.

»Ich warne dich!«

Ich hatte diese Art erbärmlicher Drohungen bisher nur von anderen gehört; es war komisch, mich das selbst sagen zu hören. Ein paar Minuten später kam ich die Treppe wieder herunter und der Junge saß eingeschüchtert auf der Sofakante. Ich nickte mit dem Kopf und er nickte zurück, den Blick auf den Teppich gerichtet. Ich bildete mir ein, dass alles, was man betrunken anstellte, nur im Traum passierte; es geschah nicht wirklich. Ich entschuldigte mich. Er sagte, es sei keine Ursache, es mache nichts. Er war jetzt sehr redselig.

»Ich hätte wirklich aufpassen sollen, wo ich hinlaufe.«

»Nein, ich hätte das nicht tun sollen.«

Für einen 13-Jährigen regelte er das sehr erwachsen:

»Nein, es ist wirklich okay. Die meisten von uns übertreiben es ein bisschen, wenn sie betrunken sind.«

Er ging kurz danach, aber nicht ohne mich beim Vorbeigehen am Arm zu tätscheln und zu sagen, dass er mir wirklich nicht böse sei. Wegen seiner Güte fühlte ich mich gleich noch mieser.

Doug Collins wurde im November 1979 nach elf Monaten im Amt gefeuert.

»Wer auch immer meinen Job bekommt, der setzt sich ins gemachte Nest. Wenn sie nur noch ein bisschen Geduld gehabt hätten, hätten sie von mir das bekommen, was sie wollten.«

Ein Reporter empfand seine Entlassung als symptomatisch für die neue Gnadenlosigkeit im Sport. Peter Thomas schrieb in der *Daily Mail*: ›Doug Collins war ›schockiert und platt‹, und ich bin es auch; aber richtig überrascht bin ich nicht, weil Helden heutzutage selbst in Rochdale nicht lange welche bleiben. Rochdale wird nie wieder so sein wie zuvor, und irgendwie auch der gesamte Fußball nicht – so egal das auch sein mag.‹

Collins' letzte Amtshandlung war die Verpflichtung des Stürmers Jimmy Seal* aus Darlington. Man hielt ihn für die perfekte Ergänzung von Rochdales Wanderzirkus. Nun, meine Damen und Herren, meine Jungen und Mädchen, hatten wir zehn Clowns und einen dressierten Seehund.

In den Schulferien und an Sonntagen nahm mich Dad manchmal zu Montagen in Fabriken, Büros oder Werkshallen mit – also an Orte, die geschlossen sein mussten, damit die Arbeiten dort ausgeführt werden konnten.

Ich liebte es, diese leeren Gebäude zu erkunden, aber Dad wollte nicht, dass ich herumstöberte, und er war besorgt, wenn ich mich von dem Platz entfernte, an dem er gerade arbeitete. Ich las die an die Wände gepinnten Notizen und schaute mir die Postkarten und Pin-ups bei den Drehbänken an. Im Flur gab es oft einen Getränkeautomaten.

»Magst du eine Tasse Tee, Dad?«

Ich kaufte mir meistens eine Heiße Schokolade, warf die Münze ein und hörte, wie das Innere der Maschine geräuschvoll zum Leben erweckt wurde, als hätte man es gerade beim Dösen erwischt.

Ich stellte mir den Lärm an den Werktagen vor, die donnernden Maschinen und die Leute, die dieses Getöse überschreien mussten. Ich nahm mir Bücher zum Lesen mit, was Dad nicht störte; bei praktischen Arbeiten war ich noch nie von großem

---

* Seal = Seehund, Robbe

Nutzen gewesen. In einer der größten Fabriken in Lancashire las ich *Animal Farm*. Wie passend.

Doug Collins wurde durch Bob Stokoe ersetzt, einer FA-Cup-Legende. Beim Schlusspfiff des Cupfinales 1973, das seine Mannschaft von Sunderland mit 1:0 gegen Leeds United gewonnen hatte, lief er in einem cremefarbenen Regenmantel und mit einem Filzhut auf dem Kopf quer über den Rasen von Wembley, um seinen Torwart Jim Montgomery zu umarmen.

Zu seiner ersten Trainingseinheit in Rochdale wurde die Presse eingeladen. Der Filzhut war mittlerweile einer Pudelmütze gewichen, Anzug und Mantel einem weiten Trainingsanzug. Mit seinen 48 Jahren war er immer noch schlank, posierte mit der Mannschaft, die Hände hinter dem Rücken, ein breites Grinsen im Gesicht. Eine lange Spielerreihe stand neben ihm, manche mit verschränkten Armen, andere mit auf den Boden gerichtetem Blick. Sie sahen aus, als seien sie einem Kindercomic entnommen, eine Ansammlung unförmiger Außenseiter, aus allen Ecken der Stadt zusammengetrommelt, um ein Team für ein spontanes Fußballspiel zusammenzubekommen. Jeder hatte etwas anderes an: Streifen, Jeans, Rugbytrikots, T-Shirts, Trainingsjacken mit kaputten Reißverschlüssen, enge Shorts, lange Shorts, schlabberige Shorts, kurze Shorts. Auch körperlich unterschieden sie sich alle. Bobby Scaife hatte Beine wie Ölfässer, ein großes Piratengesicht und einen struppigen Bart. Ted Oliver war dünn wie die Torlinie und fast genauso weiß. David Esser, der menschliche Baumstumpf. Eric Snookes' rotes Gesicht und seine roten Haare loderten hell in der Dämmerung dieses Spätherbstnachmittags. Alan Weirs Dauerwelle war zusammengefallen. Mach draus, was du willst, Mr. Stokoe, und so ganz nebenbei bemerkt ist das da alles, was du hast: Für Neuverpflichtungen ist kein Geld da.

Rochdale war Stokoes neunte Trainerstation und der dritte Club, den er schon zum zweiten Mal trainierte. Er hatte die Saison bei Blackpool begonnen, war dort aber wegen einer ›Grundsatzfrage‹ gegangen. Sein Rücktritt als Trainer von Sunderland wurde ähnlich begründet.

Wir hatten im Stadtzentrum gearbeitet und ich half Dad, den Lieferwagen aufzuladen. Er erblickte die *Nackten im Gras* und begann zu kichern.

»Er will wohl in den Knast, oder?«

Rochdales ›Stadtkünstler‹ Michael Dames hatte sich so ein Vehikel für den Farbauftrag ausgeliehen, wie man es zum Beispiel zur Markierung der Linien auf dem Fußballplatz verwendet. Damit hatte er dann zwei riesige nackte Figuren gemalt, die sich auf dem steilen Hügel hinter dem Rathaus umarmten.

Dames arbeitete im Auftrag von Rochdales Stadtrat, was bedeutete, dass sein Lohn aus der ›Tasche des Steuerzahlers‹ kam – wie der *Rochdale Observer* der Allgemeinheit mit diebischer Freude in Erinnerung rief.

Sein erstes Werk hieß *Europäische Union Notaufnahme*, ein Baumstamm mit verbundenen Ästen auf einem Bett. Der Stamm war mit einem Seidentuch bedeckt, auf das die Landkarte Europas aufstickt war. Ans Fußende des Bettes hing er ein Schild: ›Küsse heute einen Ausländer‹.

»Der Verband um die Zweige soll die Länder in Europa symbolisieren, die im Laufe der Geschichte durch Kriege beschädigt wurden«, erklärte er. »Die Grenzen zwischen den Ländern sollen sich auflösen und eins werden wie das Meer.«

Der *Rochdale Observer* bekam wütende Leserbriefe. Er sei kein *Künstler*. Jeder könne einen Baum in ein Bett legen und einen Verband darum wickeln. Der Stadtrat finanziere den Luxus eines Linken. Sie sollten den Job neu als ›Stadtkomiker‹ einstufen und fertig. Einer von Dads Freunden sagte: »Wie nennen sie ihn, Stadtkünstler? Eher Stadtpisskünstler.«

11

Der Brötchenchristus

Rochdale schickte mir als Siegerpreis des Schreibwettbewerbs zwei Eintrittskarten. Ich schrieb einen kleinen Dankesbrief und fragte, ob ich beim Stadionheft mithelfen könne. Ein Mann namens Jack Hammill antwortete mir, er sei freiberuflicher Journalist und mache das Stadionheft als Gefälligkeit für den Club. Er lud mich ein, mit ihm auf der Pressetribüne ein Spiel anzuschauen.

Als ich mich beim nächsten Spiel dem Funktionärseingang näherte, wurden mir die Beine schwer. Mein Mund war trocken und ich musste mich erst versichern, dass sich meine Stimme nicht schon in Luft aufgelöst hatte. Am liebsten hätte ich die Tür links liegen gelassen und wäre weiter ums Spielfeld gegangen. Mein Ehrgeiz, Journalist zu werden, erschien mir plötzlich töricht und völlig überflüssig. Wer war ich denn, dass ich durch diese Tür ging? Auf der anderen Seite befanden sich größere, stärkere und klügere Leute als ich; ich hatte keinen Plan, wie ihre Welt aussah.

Ich sagte dem Pförtner, ich solle mich bei Jack Hammill melden.

»Er ist noch nicht da.«

Ich fragte, ob ich bei der Tür warten könne.

»Wenn du willst.«

Leute holten Ehrenkarten in Briefumschlägen aus Manilapapier vom Vereinsbüro ab und zeigten sie dem Pförtner. Sie waren wohlgekleidet mit ihren Hemden, Krawatten und langen schwarzen Mänteln. Die Frauen trugen Kleider und High Heels und dufteten nach Parfum. Es wurde viel Theater um sie gemacht und sie wurden durch die Tür geleitet. Sie scherzten mit dem Pförtner, er sehe heute besonders schick aus. Er lächelte und rieb übertrieben an seinem Revers. Wenn sie jemanden sahen, den sie kannten und der ebenfalls gerade so einen Umschlag bekam, riefen sie zu ihm herüber:

»Was ist denn da drin, etwa das Schmiergeld für den Schiri?«

Sie sahen mich an der Tür und einer oder zwei zwinkerten mir scherzhaft zu.

»Alles klar, mein Junge?«

Ich nickte.

Nach ein paar Minuten gab mir der Pförtner Bescheid, dass Jack eingetroffen war. Ich sah ihn von hinten: eine dünne Gestalt, die den Anorak an der Taille eng zugezogen hatte. Er scherzte mit dem Mädchen am Ticketschalter. Als er sich zum Eingang wandte, sah er noch zwei oder drei Leute, die er kannte. Sie schüttelten seine Hand, einer packte ihn am Unterarm. Jacks Bewegungen waren schnell und kantig. Während er sprach, schaute er an diesen Leuten vorbei und hob die Hand, um andere zu begrüßen. Obwohl er schon um die sechzig war, hatte er äußerst kräftiges Haar. Alle paar Sekunden strich er es aus der Stirn und warf es zurück. In seine Tasche war ein Notizbuch gequetscht, das er andauernd herauszog und wieder hineinsteckte, als wolle er signalisieren, dass er nun aber wirklich gehen müsse; er hatte schließlich einen Job zu erledigen.

»Dieser junge Mann wartet auf dich, Jack«, meldete sich der Pförtner.

»Komm mit, ich zeig dir, wo die Pressetribüne ist«, sagte Jack.

Jenseits des Eingangs war es dunkel und meine Augen brauchten erst ein paar Augenblicke, bis sie sich daran gewöhnt hatten. Wir waren unter der Haupttribüne auf einem breiten Gang mit vielen Türen. Am Ende des Ganges war ein weißer Lichtschimmer zu sehen, wenn sich die Flügeltüren öffneten und man das Spielfeld sehen konnte.

In dem Durchgang war ziemlich viel los. Männer mittleren Alters in Trainingsanzügen wichen den Damen in weißen Blusen aus, die Tabletts mit kleinen dreieckigen Sandwiches trugen. An einer Tür hing ein kleines Schild mit der Aufschrift ›Heim‹ und an der Tür daneben eines mit ›Gäste‹. Am Eingang zu den Umkleidekabinen lehnte ein Netz mit vier oder fünf Fußbällen.

Vor der Tür, die dem Spielfeld am nächsten lag, hatte sich ein Haufen Leute versammelt. Jack erzählte mir, dass das die Teestube war und ich in der Halbzeit hineingehen und mir Tee und Kekse holen konnte, wenn ich wollte. Ich lugte beim Vorbeigehen hinein. Die Luft stand vor Rauch. Die Leute standen dicht beieinander, unterhielten sich und aßen von Papptellern wie bei einem Hochzeitsbuffet.

Die Pressetribüne befand sich am oberen Ende einer kurzen steilen Treppe. Es handelte sich um einen kleinen Bereich, der von der Tribüne abgetrennt war und in dem fünf oder sechs Bänke und schmale Holzbretter standen, die als Tische dienten. Der Platz reichte kaum aus, um durch die ›Gänge‹ zu gehen und sich auf eine Bank zu setzen. Jack ließ mir den Vortritt und folgte mir hinein. Er griff nach den Telefonen, die überall verstreut herumstanden.

»Das ist hin«, vermeldete er. »Und das hier hat noch nie funktioniert.«

Endlich fand er eines, mit dem er zufrieden war, und gab mir das Kabel, das aus der Rückseite hing.

»Hier, du bist jünger als ich. Bück dich doch und steck das in die Steckdose, okay? Sie ist irgendwo da am Boden.«

Ich musste mich erst anders hinstellen, um genug Platz zu haben, um mich vorbeugen zu können. Ich fand die Steckdose; sie hatte sich aus der Verankerung gelöst und baumelte nur noch an zwei Schrauben.

»Gut, und jetzt brauchen wir noch eins für dich. Versuch mal das da.«

Er knallte ein Telefon vor mich hin und ich hob den Hörer ab. Das Kabel hing über die Bank und schlängelte sich ins Dunkel hinunter. Ich konnte das Freizeichen hören. Somit war ich bereit.

Jack erzählte mir, dass er für etliche Zeitungen sowie Radio- und Fernsehsender über Rochdales Spiele berichtete. In der Halbzeit und nach dem Schlusspfiff gab er der BBC und der ITV den

Spielstand durch. Wenn ein Tor fiel, lieferte er ihnen auch Blitzmeldungen mit dem Namen des Torschützen und der Spielminute. Er erstellte auch Zwischenberichte, bei denen er der *Football Pink* oder *Radio Manchester* alle paar Minuten einen Textblock durchs Telefon diktierte. Die meisten dieser Berichte waren kurz – der *Daily Mirror* beauftragte beispielsweise sechzig Worte, die *Sunday People* einhundert, aber alles zusammengenommen war das ein Haufen Arbeit.

»Du wirst den richtigen Dreh schnell herausbekommen«, meinte er.

Ich war nur ein paar Meter von meinem Vater entfernt, der auf der anderen Seite einer hölzernen Trennwand auf der Tribüne saß. Vor dem Spiel hatte er versprochen, nicht mit mir zu sprechen oder mich zu begrüßen, falls mich das ›in Verlegenheit bringen‹ sollte.

Als unser ›Stadtkünstler‹ ganz neu in Rochdale angekommen war, beschrieb er es als ›einen fortschrittlichen Ort, der für seine Pionierleistungen bekannt ist‹. Michael Dames bezog sich dabei auf die *Rochdale Pioneers*, die Begründer der Genossenschaftsbewegung.

Ihr kleiner Laden in der Toad Lane war damals die Anlaufstelle für Anhänger der Bewegung aus aller Welt gewesen, doch heute war er eingequetscht zwischen dem Servicebereich des neuen Einkaufszentrums und einer vielbefahrenen vierspurigen Straße. Was Dames nicht wusste: Rochdale hatte mit seinen Pionierleistungen längst abgeschlossen.

Wenn er vom *Rochdale Observer* gebeten wurde, sein Werk zu verteidigen, druckte die Zeitung normalerweise sein Foto mit ab; und zwar immer dasselbe. Er hatte darauf einen Gesichtsausdruck, als hätte er noch nie zuvor eine Kamera gesehen. Er schaute einfach durch sie hindurch, ohne dass er dabei an so etwas wie ein Lächeln oder eine aufrechte Haltung gedacht hätte. Seine Hände waren tief in den Taschen vergraben, das Hemd hing ihm schlampig aus der Hose. Er blickte drein, als schlenderte er

Hammill, Rochdale.

gerade vor dem Supermarkt herum und wartete, bis seine Frau endlich den Wocheneinkauf erledigt hatte.

Der Baumstamm war in der Rochdale Art Gallery ausgestellt worden. Dames hatte erkannt, dass er die Leute an der Bushaltestelle oder beim Einkaufen provozieren musste, wenn er tatsächlich ins konservative Herz der Stadt treffen wollte. Also schnitt er entsorgte Telegrafenmasten in Stücke, rammte diese in den Boden und ritzte Grimassen in sie hinein; und – das war sein ultimativer Streich – er formte aus Kunststoff sorgfältig Brotlaibe und ordnete sie in Form einer menschlichen Gestalt an. Sein *Brötchenchristus* wurde an die Rückwand des Arndale Centres in Middleton montiert.* Das war sein Abschiedsgeschenk an Rochdale.

Ich drängte mich Jack auf und begann, regelmäßig mit ihm auf der Pressetribüne zu arbeiten. Er gab mir eine Liste mit Telefonnummern, den Zeiten, zu denen ich dort anrufen sollte, und der Anzahl der Worte, die jeder benötigte.

Ich hatte Angst, jemand könne mich belauschen, also sprach ich leise. Die Texterfasser konnten mich nicht verstehen. Sie waren unter Druck:

»Du musst lauter sprechen. Hab nichts davon verstanden, mein Sohn.«

Nach einer Weile begann ich zu schreien. Wenn man das nicht tat, konnte man den Job nicht erledigen.

Gelegentlich schickten die überregionalen Tageszeitungen ihre eigenen Reporter, sodass wir manchmal bis zu zehnt durcheinanderschrien und um Telefonhörer und Leitungen kämpften. Nach einem Tor wurde das Durcheinandergequatsche richtig heftig. Die Fans beugten sich herüber und riefen:

---

* Im Herbst 2006 suchte ich die Bücherei in Middleton auf, um nach Fotos für dieses Buch zu recherchieren. Ich fand eines vom *Brötchenchristus*, auf dessen Rückseite jemand geschrieben hatte: »Christusskulptur aus Brot von Michael Dames, angebracht an der dem Middleton Way zugewandten Seite des Arndale Centres. Aufgehängt im Mai 1980, entfernt im April 1984 infolge von Vandalismus und des Misfallens der Öffentlichkeit.«

»Beruhigt euch, Jungs. Ihr bekommt sonst noch einen verdammten Herzinfarkt.«

Sie saßen so nah bei uns, dass sie mithören konnten, wenn man den Text diktierte. Sie warteten, bis man den Hörer aufgelegt hatte, und erhoben sich dann von ihren Sitzen.

»Und das war ein Haufen Mist, was du ihnen gerade erzählt hast!«

Keiner auf der Pressetribüne wagte es, den Blick vom Spielfeld zu wenden.

»Hey, du! Du weißt ganz genau, mit wem ich rede. Hier bin ich, Blondie.«

Sie hatten immer einen Spitznamen für denjenigen parat, an den sie sich gerade wandten. Der einzige Blonde auf der Pressetribüne quittierte den Zuruf. Der Rest von uns konnte sich entspannen.

»Was soll die ganze Scheiße, die du da gerade von dir gegeben hast? Wir haben euch total im Sack, und ihr habt nur ein Duseltor gemacht. Genau, nur ein verdammtes Duseltor!«

Es wurde immer angenommen, dass die Journalisten Fans der Clubs waren, von deren Spielen sie berichteten. Die Kommentare der Rochdale-Fans wurden normalerweise mit einem Lachen abgetan, aber manchmal spielten die Reporter das Spielchen mit:

»Mit Duseltoren gewinnt man eben Spiele, Freundchen.«

»Noch habt ihr das verdammte Spiel nicht gewonnen.«

Diesmal konnte Rochdale das Spiel noch drehen und holte mit 3:1 einen der seltenen Siege. Der Fan sprang nach jedem Tor von seinem Sitz auf und äffte den Reporter nach:

»Und, wie steht es jetzt, *Freundchen?*«

Bis zum Ende des Spiels griffen das ein Dutzend Fans auf und ahmte den Akzent des Reportes nach, sobald er telefonierte. Er kam ›aus dem Süden unten‹. Sie fragten ihn, ob es ihm nicht ein bisschen kühl wurde, hier im hohen Norden, und ob ihn seine Mami heute Morgen auch richtig angezogen hätte mit seiner Weste und so.

Rochdale verlor weiterhin, oftmals ziemlich hoch. Huddersfield Town schlug uns 5:1. Einen Monat danach verloren wir gegen die Tranmere Rovers mit demselben Ergebnis. Bob Stokoe war so erzürnt, dass er jedem Spieler einen halben Wochenlohn strich, angeblich 35 Pfund. Der Profifußballerverband PFA stellte diese Entscheidung zwar infrage, aber Stokoe beharrte darauf:

»Ich habe von meinen Spielern 100 Prozent Einsatz verlangt und ihn nicht bekommen. Es war der beschämendste Moment meiner Fußballlaufbahn seit vielen Jahren.«

Stokoe bekam Unterstützung von einem Rochdalefan, der unter dem Namen ›Verpassniemalseinspiel‹ im *Rochdale Observer* schrieb: ›Die Spieler schienen beschlossen zu haben, nicht zu spielen – fast wie bei einer Verschwörung. Die Fans, die nach Tranmere mitgereist waren, wurden betrogen.‹

Jack war ein gewiefter Telefonist. Er hatte im Spotland seine eigens für ihn reservierte Telefonleitung und verteidigte sein Reich. Man saß nicht auf *seiner* Bank. Wenn es doch jemand wagte, wurde er sehr schnell aufgeklärt.

»Der Platz ist besetzt, mein Sohn!«

Ein junger Reporter in seinem besten Anzug, der von weit her gekommen war, erhob sich pflichtschuldigst und packte seine Stoppuhr, drei Füller, den Spiralblock, den Marsriegel, die Limodose, das Stadionheft, die Mannschaftsaufstellungen und seinen Statistikbogen zusammen.

»Da hinten könntest du ein Plätzchen finden.«

Wenn Jack ans Telefon ging, meldete er sich mit den Worten:

»Hammill, Rochdale«, so als hätten wir unser eigenes Gefolge mit Dutzenden Reportern.

Ich klaute mir von Jack und den anderen um mich herum bestimmte Phrasen. Wenn sich ein Stürmer durch die Verteidigung *durchtankte*, nannte ich ihn einen *Brecher*; eine *schlampige* Verteidigung wurde zu einer *löchrigen* Deckung.

In der Dunstwolke aus kaputten Telefonen und Deadlines im Nacken, umgeschütteten Kaffeetassen, schwerhörigen Texterfas-

serinnen und Typen in Mänteln, die einem die Sicht versperrten, ging das Spiel als solches unweigerlich verloren. Wir zeichneten also jedes Detail von Spielen auf, die wir eigentlich gar nicht gesehen hatten.

Zu Tina Jenkins' Party erschienen Jugendliche aus allen Teilen der Stadt. Unter ihnen befand sich auch eine Gruppe nicht eingeladener Gäste mit schmalen, fiesen Gesichtern, die sich verstohlene Blicke zuwarfen und Witze zuflüsterten. Als sie tanzten, kamen sie den Leuten absichtlich zu nahe und provozierten sie zu einer Reaktion. Einer trug ein Hawaiihemd und eine Stretchjeans mit einem weißen Gürtel, der vorn offen herunterhing. Er hatte einen ungleichmäßigen Schnauzer und sein Kopf saß tief auf seinen Schultern, wie eine Krähe auf dem Zaun. Tinas Familie – ihre Oma, ihre jüngere Schwester und ihre Eltern – blickte von einem großen Foto an der Wand herunter. Sie standen vor dem gemalten Hintergrund eines Bücherschranks, die Hände ihres Vaters ruhten auf dem Schultern ihrer Mutter.

Ein paar von uns verließen die Party unter dem Vorwand, beim Spirituosenladen vorbeizuschauen; wir wussten, was als Nächstes passieren würde. Als wir zurückkamen, schrien und wimmerten die Jugendlichen durchs ganze Haus. Das Telefon war aus der Wand gerissen, Bilder lagen zerschmettert am Boden, der Couchtisch war umgekippt. Ein paar Mädchen wurden hysterisch. In der Küche betupften ein oder zwei mit ihren Ärmeln Schnitte. Die Polizei war schon auf dem Weg und Tinas Eltern waren im Pub informiert worden.

Tina saß am Fuß der Treppe und schluchzte laut. Sie stieß kurze Satzfetzen hervor:

»Meine Eltern. Werden mich um. Bringen. Wenn. Sie. Hier. Sind.«

Während sie umarmt und beruhigt wurde, räumten die Leute auf. Sie hörte auf zu weinen, um jemandem zu sagen, wo die Müllbeutel oder Schaufel und Besen waren. Zerbrochenes Glas wurde zusammengekehrt und die Fotografien ungefähr an ihren alten

Platz zurückgestellt. Zwei Jungs klopften mit einem Holzhammer die Beine des kaputten Couchtischs gerade. Dies alles wurde in betrunkenem Zustand erledigt, sodass die Leute Mühe hatten, aufrecht zu stehen, während sie Plattenstapel gerade rückten oder die Dekoration wieder an Ort und Stelle brachten. Während sie damit beschäftigt waren, grübelten sie:

»Warum machen die das? Warum tun Leute so etwas?«

Tinas Eltern trafen ein. Noch bevor sie etwas erklären konnte, kam ihr Vater und schloss sie in die Arme. Daraufhin weinte sie noch lauter. Sie war viel kleiner als er, sodass er über ihre Schulter blicken konnte, während sie sich umarmten. Es war uns peinlich, Zeuge dieser intimen Szene zu werden, und wir blickten zu Boden. Als sie sich voneinander lösten, betrat Mr. Jenkins vorsichtig das Zimmer, gefolgt von seiner Frau. Er war ein großer Kerl mit schwarzem Haar und Schnurrbart, wohingegen sie winzig war und unruhig wie ein Vogel herumtapste. Das Telefon, das aus der Wand gerissen worden war, stand nun mit ordentlich herumgewickeltem Kabel auf dem Tisch. Die Glasscherben waren vom Teppich gewischt worden. Die Vorhänge waren wieder in der Schiene. Tina ging ein paar Schritte hinter ihren Eltern her.

»Es tut mir leid, Dad, es tut mir so leid.«

»Das war doch nicht deine Schuld, mein Liebes.«

Als er durch die Küche ging, nahm er sich in Acht.

»Sind sie noch hier?«

»Nein, sie sind alle weg.«

»Bist du sicher? Kennst du alle, die noch da sind?«

Sie bejahte und begann wieder zu weinen. Sie erzählte ihm, dass alle beim Aufräumen geholfen hatten und wie glücklich sie sei, so gute Freunde zu haben. Während er ihr zuhörte, blickte er durch das Zimmer und nickte uns zu. Er hielt eine kurze Rede:

»Ich möchte euch allen für eure Hilfe danken. Tinas Mutter und ich hatten Angst vor dem, was wir bei unserer Rückkehr hier vorfinden würden, aber wir sehen, dass ihr euer Bestes getan habt, um aufzuräumen, und das wissen wir sehr zu schätzen. Wir wissen, dass die Schweinerei hier nichts mit euch zu tun hat, und ihr scheint ein anständiger Haufen zu sein, also nochmals vielen Dank.«

Als wir das Haus verließen, gingen die Mädchen zu Tina, um sie zu umarmen. Ihr gelang es, ein- oder zweimal zu lächeln, und sie verabschiedete sich bis zur Schule.

Am Montag teilte sie uns mit, dass ihre Eltern ihre Meinung über uns geändert hätten. Sie hatten am Ende des Abends in ihrem Bett zwei Zwölftklässler, die von dem ganzen Aufruhr gar nichts mitbekommen hatten, bei der Zigarette danach erwischt.

Der Streit über die Geldstrafe für die Spieler schwelte weiter und wurde von den meisten überregionalen Tageszeitungen aufgegriffen. Gordon Taylor, der Vorsitzende des Spielerverbandes PFA, schaltete sich ein.

»Das riecht nach tiefstem Mittelalter«, schimpfte er. »Ich weiß, dass Rochdale finanzielle Probleme hat, aber sie können doch ihre Lohnkosten nicht einfach zu unseren Lasten drücken.«

Die Spieler brachten ihren Fall vor das Fußballschiedsgericht, aber Stokoe machte am Tag der geplanten Anhörung einen Rückzieher und gab bekannt, dass sie letztlich gar nicht bestraft worden waren.

»Es war nur ein Versuch, sie zu motivieren. Man muss halt alle Mittel und Wege ausschöpfen. Das, was ich getan habe, war nur zum Wohle des Vereins, und ich hoffe, dass sich die PFA daran erinnern wird, wenn wir am Ende der Saison alle arbeitslos werden sollten.«

Bei einem meiner ersten Spiele, die ich mit Jack kommentierte, schien ein etwas weiter hinten sitzender Mann meinen Text recht amüsant zu finden.

»Rochdale begann heute Nachmittag solide mit einem ordentlichen Fußball ...«, diktierte ich über das Telefon.

»Hihi«, hörte ich es über meine Schulter.

»… und Weir hätte in der 12. Minute eigentlich treffen müssen, als er nach einem Eckball mit einer Direktabnahme an der Querlatte scheiterte.«

Nun pfiff der da hinten, wahrscheinlich, um das Lachen zu unterdrücken. Kurz danach entlockten ihm dann meine abgedroschenen Phrasen ein ›put, put‹, so als würde er eine der Tauben von den Sitzstangen unter der Tribüne anlocken.

Ich war doch nur ein Jugendlicher, der sein Handwerk erst erlernte: Warum war er denn so grausam? Beim ersten Mal sagte ich noch nichts, wappnete mich aber schon für das nächste Mal. Diesmal war er noch gemeiner als zuvor, es fehlte nicht mehr viel zu diesen Lachsäcken, die man in Blackpool an der Strandpromenade kaufen kann. Ich hatte mich kaum auf meinem Platz niedergelassen, als er schon mit seinem unverschämten Gekicher und Gepfeife anfing. Er war gerade mitten in einem Lachen, als ich mich zu ihm umdrehte. Er zog die Augenbrauen hoch und intensivierte die Geräusche, die ich gehört hatte, sogar noch – und das, während ich ihn anschaute!

»Wie lang noch bis zur Pause?«, lautete meine schnelle Reaktion darauf.

»Eine knappe halbe Stunde«, antwortete er und pfiff. »Sie haben ja gerade erst angefangen. Wo hakt's denn, schon langweilig?«

Jack klärte mich auf, dass das Les Barlow war, der Fußballberichterstatter des *Rochdale Observer*, dessen Artikel ich seit Jahren las und aufbewahrte. Les hatte einen Raucherhusten, einen nervösen Tick, einen Frosch im Hals sowie einen hervorstehenden Kehlkopf und berichtete schon so lange über Rochdale, dass es wohl auf jeden Fall in Ordnung war, wenn er ohne ersichtlichen Grund laut auflachte.*

---

* Ein paar Jahre später arbeitete ich mit Les zusammen beim *Middleton Guardian* in North Manchester, wo er für kurze Zeit Sportredakteur war. Ich habe ihm das natürlich nie erzählt, aber es war schon faszinierend, sich mit jemandem anzufreunden, der dem Rochdale AFC so lange so nahegestanden hatte. Trotz dieses ersten Eindrucks bleibt er einer der gutmütigsten Leute, die ich je im Journalismus kennengelernt habe.

Nach der Niederlage gegen Tranmere stand Rochdale eine lange Reise zum verlustpunktfreien Portsmouth bevor. Alan Thompson, der Journalist des *Daily Express*, begleitete sie und berichtete hautnah über diesen ›völlig zerstrittenen Viertligaclub‹.

Er schrieb, dass der Trainer Rochdale am Freitag verlassen hatte und den Spielern Lunchpakete mit Hühnchen, einer eingelegten Zwiebel, einem Päckchen Chips, einem Apfel und einer Dose Limo ausgehändigt wurden.Die Nacht verbrachten sie in einem Hotel und hatten am nächsten Morgen ›einen leichten Brunch, einen kurzen Spaziergang, eine Teambesprechung, und dann fuhren sie los zum Spiel.‹ Sie verloren 0:3.

Auf der Rückfahrt bekam jeder zwei Pfund, die sie an einer Autobahnraststätte in Hamburger und Würstchen mit Kartoffelbrei investierten. Nach ihrer Mahlzeit sprang der Bus nicht mehr an und sie mussten ihn quer über den Parkplatz schieben, um ihn wieder zum Laufen zu bringen. ›Hatten wir nicht eine schöne Zeit, damals auf dem Weg nach Pompeii?‹, sang der Mannschaftskapitän Brian Taylor. Thompson schrieb: ›Gelächter … und unglaublich … plötzlich waren sie wieder ein Team.‹

Die Drohung mit der Geldstrafe hatte eindeutig nicht funktioniert und wahrscheinlich jeglichen noch verbliebenen Teamgeist gebrochen. Nach dem Spiel gegen Tranmere brauchten sie fünfzehn weitere Spiele, bis sie endlich wieder einen Sieg einfuhren.

Hartnäckig beackerte ich Jack so lange, bis er versprach, mich nach meinem Schulabschluss einzustellen. Die Regierung hatte gerade ein Programm zur Verbesserung der Arbeitsmarktchancen jugendlicher Schulabgänger, das *Youth Opportunities Programme* (YOP) ins Leben gerufen. Ich wurde ein *Yopper* und erhielt vom Staat für eine Dauer von sechs Monaten einen Wochenlohn von 23,50 Pfund.

Die meisten Jungs, die ich kannte, waren in Projekten in Fabriken oder Lagerhallen engagiert. Paul Foster wurde von einer Gießerei eingestellt, wo er von Hand Gartentore anmalen musste. Eines Abends trafen wir uns und seine Handflächen waren knallrot und übersät mit dicken Blasen; es sah aus, als trüge er Handschuhe aus Luftpolsterfolie. Die Typen in der Gießerei hatten einen Hammer in den Ofen gehalten, bis er rot geworden war. Nachdem er zu glühen aufgehört hatte, hatten sie ihn in Pauls Nähe gelegt.

»Gibst du uns den mal kurz rüber?«

Er sagte, das Fleisch seiner Handfläche sei sofort am Hammer festgeklebt. Er musste ihn mit seiner anderen Hand abziehen, sodass er auch an den Fingerspitzen seiner linken Hand Brandblasen bekam. Die Männer lachten sich scheckig und sagten, sie hätten das gemacht, um ihn ein paar Wochen am Wichsen zu hindern.

»So was machen die halt«, sagte er entschuldigend. »Sie wollen dich einfach austesten. Das haben sie schon immer mit den Lehrlingen gemacht.«

Ich hatte vor Kurzem *Das Kommunistische Manifest* gelesen, zumindest die ersten paar Seiten.

»Du bist aber kein Lehrling«, belehrte ich ihn. »Du bist eine billige Arbeitskraft. Die Geschichte aller bislang existierenden Gesellschaften ist eine Geschichte des Klassenkampfes, des freien Mannes und des Sklaven, des Patriziers und des Plebejers. Mit einem Wort, des Unterdrückers und des Unterdrückten ...«

Ich malte eine Tabelle auf die Umschlaginnenseite eines meiner Alben und trug darin nach jedem Spiel unseren Tabellenplatz ein. Da der Club auf dem letzten Platz verharrte, sah es bald wie ein EKG im Krankenhaus aus, nachdem der Patient ins Koma gefallen oder gestorben war. Während einer Negativserie schoss Rochdale gerade mal ein ganzes Tor in fünfzehn Spielen.

Zum zweiten Mal innerhalb von drei Jahren beendeten wir die Football League als Schlusslicht, acht Punkte hinter dem Vorletzten.

Das Amtsgericht von Rochdale wurde zu meinem Hauptarbeitsplatz. An den Wochentagen durchforstete Jack morgens das

Gericht nach Storys. In erster Linie wurden sie dann an die *Manchester Evening News* verkauft, wenn es nicht gerade mal eine außergewöhnliche Wendung gab, die einen Fall für die Überregionalen interessant machte.

Wir trafen uns um kurz vor 10 Uhr im Presseraum, einem fensterlosen Zimmer mit einem Münzfernsprecher, einem Tisch und ein paar Plastikstühlen. Jack war ständig am Zappeln. Er klopfte auf seine Taschen, überprüfte, ob seine Jacke gerade saß, griff nach seinen Autoschlüsseln, seinem Schal und seinen Handschuhen. Man dachte, er würde jede Minute irgendwohin verschwinden, wo es interessanter war als hier. Er kam einem vor wie ein junger Mann, der eingeschlafen und erst als Sechzigjähriger wieder aufgewacht war und der vor sich selbst davon lief.

Die meisten Fälle waren belanglos und gaben kaum mehr als zwei oder drei Absätze her. Es gab unbedeutende Diebstähle, Pubschlägereien, Drogenbesitz, Trunkenheit am Steuer oder familiäre Streitereien. Die Rechtsanwälte beschrieben diese Vorfälle in archaischer Sprache:

»Die Auseinandersetzung fand statt, nachdem der Angeklagte mehr als zehn Pints Alkohol konsumiert und behauptet hatte, er könne jeden in der Gaststätte besiegen, der mit ihm auf der Straße zusammenkommen wollte.«

Dann verfielen sie in einem unerträglich gestelzten Tonfall wieder in die Alltagssprache, wobei sie diesen Richtungswechsel eindeutig genossen:

»An dieser Stelle sagte der Angeklagte: ›Ihr seid alle Bastarde hier drinnen, jeder verdammte einzelne von euch. Ich nehm's mit jedem von euch auf. Ihr seid ein Haufen Scheiße.‹«

12

In einer so verhängnisvollen Angelegenheit

Viele dachten, das letzte Heimspiel der Saison, eine 0:2-Niederlage gegen Hereford United, sei auch unser letztes in der Football League. Die Zuschauerzahl lag mit 1.318 um ein paar Hundert höher als sonst. Die zusätzlichen Zuschauer wurden für ›Leichenfledderer‹ gehalten, Leute, die nur bei einem Fußballverein vorbeischauten, wenn sein letztes Stündchen geschlagen hatte. Sie kauften gleich mehrere Stadionhefte und schossen Fotos vom Spielfeld. Sie nutzten auch die Gelegenheit, sich vor Journalisten zu äußern:

»Wir haben schon alle zweiundneunzig Ligastadien besucht, aber wir haben gespürt, dass wir heute Abend hierher kommen sollten, falls sich Rochdale endgültig verabschieden sollte«, erzählten ein paar Leute aus West Bromwich dem *Daily Mirror*.

Bob Stokoe ging in die Offensive. Er kritisierte alle scharf: die Spieler – »Ein paar von ihnen könnte der Rochdale Football Club nicht egaler sein«; den Ex-Trainer Doug Collins – »Er hat gesagt, sein Nachfolger setze sich ›ins gemachte Nest‹. Er hat wohl Spaß gemacht.«; und die Fans – »Es ist nicht in Ordnung, wenn sie mich für etwas tadeln, was außerhalb meiner Macht steht.«

Viele Vereine meldeten einen Anspruch auf Rochdales Platz in der Football League an, besonders Altrincham, ein aufblühender Club aus Cheshire, von dem erwartet wurde, dass er über die neu gebildete *Alliance Premier League* als erster den Ligastatus erlangen würde.

»Ich bin mir ziemlich sicher, dass Altrincham diesmal in die Liga kommen wird, also ist uns auch klar, was das heißt«, sagte Stokoe.

Das Amtsgericht hatte ein kleines Häufchen Stammgäste, die mit den Gerichtsdienern per Du waren. Ein paar kamen aus dem

Obdachlosenasyl. Sie begingen ihre Vergehen zumeist aus Verzweiflung, um ihre Sucht zu finanzieren, oder weil sie verwirrt und sich ihrer Taten nicht bewusst waren. Normalerweise schliefen sie im Wartezimmer ein und mussten erst geweckt werden.

»Auf geht's, Bob, du bist dran.«

Bob schreckte dann immer hoch, wünschte den Umstehenden meist Frohe Weihnachten (zu welcher Jahreszeit auch immer) und folgte dem Gerichtsdiener durch die riesigen Flügeltüren. Wenn die Richter diese zerzauste Gestalt hinten im Saal sahen, die nicht wusste, in welche Richtung sie schauen sollte, dann lächelten sie und tauschten vielsagende Blicke mit dem Gerichtsschreiber und den Anwälten aus.

Der Staatsanwalt begann:

»Der Mann vor Ihnen heute ist Robert William Attwood, ohne festen Wohnsitz. Er ist angeklagt, am Samstag, den elften Juli in Nähe der Drake Street, Rochdale, betrunken gewesen zu sein. Er wurde dabei beobachtet, wie er Passanten anbrüllte und in einer Art und Weise über den Bürgersteig torkelte, die geeignet war, die Fußgänger zu behindern. Bei Eintreffen eines Polizeibeamten stieß er Beleidigungen aus und schrie etwas von Cowboys und Indianern.«

Jack kannte die meisten der Anwälte und steckte ihnen oft Zettel zu, sie sollten ein ›Zeile‹ für seine Story herausspringen lassen. In diesem Fall schrieb er: ›Erwähne General Custer‹.

Der Anwalt hielt einen Moment inne und las die Notiz:

»Mr. Attwood musste von dem Beamten abgeführt und in Gewahrsam genommen werden. Ich denke, unter diesen Umständen wäre es angemessen zu sagen, dass dies Custers letzte Schlacht war.«

Jack hatte seine Zeile.

Für die Zeitungen hieß die entscheidende Abstimmung um den Ligaplatz Altrincham gegen Rochdale, nicht Rochdale gegen Altrincham. Wir waren also im übertragenen Sinne das Auswärtsteam, der Außenseiter.

Altrincham hatte überzeugende Argumente. Ihr Zuschauerschnitt lag bei über 2.000 und sie hatten jüngst 100.000 Pfund für ihr Stadion ausgegeben, um diese Fans auch gut unterzubringen. Sie hatten in den letzten fünf Jahren dreimal die dritte Runde des FA Cups erreicht und ihr Jahresgewinn lag bei 60.000 Pfund.

Sie lancierten eine Kampagne, um die Gegensätze zu verdeutlichen, und präsentierten Rochdale als mottenzerfressenen und schmucklosen Betrieb neben ihrem florierenden Unternehmen. Wir waren alt, notleidend, Sinnbild der Vergangenheit, während sie neu und wohlhabend waren und die Zukunft verkörperten.

Mehr noch, in ihrer derzeitigen Form stand die Stadt Rochdale für eine vergangene Ära der Fabriken und der körperlichen Arbeit, für den Blaumann als Anachronismus tief im Herzen Lancashires. Altrincham gehörte zum vermögenden Cheshire und war ein Ort, an den am Ende des Arbeitstages die Geschäftsleute aus Manchester zurückkehrten.

Jack hatte nicht genug Arbeit, um mich zu beschäftigen, also meinte er, ich könne einen Monat freinehmen, als er in Urlaub ging. Ich fand einen Ferienjob bei einem Buchgroßhändler, GW Johnson's, der sich in einem schäbigen Gebäude am Stadtrand befand.

Der Ort hatte seinen ganz eigenen Geruch nach Feuchtigkeit, Papier und den Dämpfen aus den Butangasöfen. Ich schob mein Rad ins Lager und meldete mich bei Bill, dem Vorarbeiter. Er drückte sich zumeist eng an den Ofen, den dünnen grauen Kittel hinten etwas angehoben, damit die Wärme seinen Rücken hinaufkriechen konnte. Er war klein und drahtig und mindestens sechzig Jahre alt. Bis auf einen kleinen grauen Haarkranz, der vom einen Ohr über seinen Nacken bis zum anderen Ohr lief, war er komplett kahl. Er hatte O-Beine, war aber auffallend beweglich und stark. Er hatte das, was mein Vater ›lachende Augen‹ nannte, und man war sich nie sicher, wohin er gerade blickte. Er begann zu sprechen und ich merkte erst gar nicht, dass er mich meinte.

»Entschuldigung, Bill.«

»Bist-du-heute-Morgen-bei-uns?«, fragte er langsam.

Ich musste für die vier oder fünf Leute, die dort arbeiteten, den Morgentee aufsetzen. Nachdem ich am zweiten Tag jedem seine Tasse überreicht hatte, bat man mich ›aufzupassen‹.

»Du bist doch kein leichtsinniger Kerl, oder?«

»Nein, Bill.«

»Gut. Ich will nicht, dass du mit diesen Tassen Blödsinn machst, verstehst du?«

»Das werd ich nicht.«

»Gut.«

»Warum eigentlich?«

»Es gab hier einmal einen schweren Unfall mit einer Tasse.«

Mir blieb der Mund offen stehen.

»Was ist denn passiert?«

»Jemand hätte beinahe ein Auge verloren, das ist passiert.«

Vor ungefähr zehn Jahren hatte ein Junge namens Phil seinen Tee getrunken und wollte so tun, als schütte er den Bodensatz jemandem ins Gesicht. Die Tasse löste sich vom Henkel und traf einen der Vertreter über dem Auge. Er musste genäht werden und konnte ein paar Tage nicht zur Arbeit kommen.

»Du siehst also«, sagte Bill, »dass in der Arbeit auch Unfälle passieren können, einfach so.«

Er schnipste mit den Fingern, als er ›einfach so‹ sagte.

Fred Ratcliffe, der nun Vereinsvorsitzender war, schickte an die Vorsitzenden der anderen einundneunzig Ligavereine hochachtungsvolle Briefe. Er war sich vermutlich dessen bewusst, dass er eine Abstimmung über seine eigene Beliebtheit durchführen ließ. Die Vorsitzenden der Erst- und Zweitligaclubs hatten die meisten Stimmen, diese spielten aber nur selten gegen Rochdale oder interessierten sich besonders für seine Belange. Wenn sie aber *Little Freddie* – oder, wie er auch oft genannt wurde, *Mr. Rochdale* – kannten und sich seiner erinnerten, mochten sie ihm möglicherweise ihre Unterstützung zuteilwerden lassen. In einer so verhängnisvollen Angelegenheit wie der Beendigung der Ligazugehörigkeit eines Fußballvereins war es wohl einfacher, das Problem auf sentimentaler Basis anzugehen.

»Es wäre der erschütterndste Tag meines Lebens, wenn wir rausfliegen würden«, teilte Ratcliffe den Reportern mit.

Wollten sie wirklich Freds Herz brechen?

Bill war ein fleißiger Arbeiter und konnte faszinierend mit einem Stückchen Schnur, einem Stapel Bücher und einem Teppichmesser umgehen. Er kannte den Standort jedes Buches und aller Aktenordner, und davon gab es in diesem Lager Tausende. Er erkannte das Motorengeräusch eines *Rippos*, eines Transporters aus Ripponden durch eine Ziegelwand hindurch, vor der auch noch Hunderte von Kartons standen. Er war so auf die Firmenabläufe – die Ankunft der Lieferungen, die Anrufe der Vertreter – gepolt, dass er jederzeit die Uhrzeit wusste, ohne auf die Uhr zu schauen.

Es war mir bis dahin nicht bewusst gewesen, dass Liebesromane und Western den Löwenanteil des Buchhandels ausmachten. Kiste um Kiste packten wir damit voll, zusammen mit Malbüchern, Comics und Rätselheften, die zu den Märkten des ganzen Nordens gekarrt wurden.

Sheila war eine der Vertreterinnen. Eine schlanke, attraktive Enddreißigerin. Sie hatte rotes Haar, das ihr in dichten Locken herabfiel. Wenn sie vorbeischaute, hob sich hinter ihrer Parfumspur die Stimmung.

»Hallo Sheila, meine Liebste«, sang Bill.

Er pfiff auch und machte sich gleich mit noch mehr Freude und Tüchtigkeit an die Arbeit. Sie tat angesichts seiner harmlosen Flirterei etwas verschämt. Als sie weg war, ging er davon aus, ich hätte sie unwiderstehlich gefunden.

»Das ist eine richtige Frau, wirklich. Die hat Klasse. Du darfst nicht einmal mit dem Gedanken spielen, sie zu betatschen. Verdammt, sie würde dich glatt zum Frühstück verspeisen.«

Die meisten Lagerbestände befanden sich im Erdgeschoss. Der erste Stock lag mit seinen zerbrochenen Fensterscheiben und den fehlenden Dielenbrettern praktisch brach. Um den Dachvorsprung flogen die Tauben herum und unter den lose gewordenen Dachziegeln bildeten sich kleine Staubhäufchen. Vereinzelt standen Eimer herum, die das Regenwasser auffangen sollten. Die Toilette befand sich in der Ecke – ein kalter, fensterloser Raum, zusammengebaut aus einer bunten Mischung verschiedenster Spanplatten und Sperrholz.

Ein, zwei Stunden nachdem Sheila gegangen war, ging ich dort hinein. Bill erwartete mich bei der Rückkehr schon am Treppenabsatz.

»Hey, du hast dir doch da oben nicht etwa einen runtergeholt, oder?«, rief er.

Als ich an ihm vorbeiging, deutete er einen Klaps auf meinen Hinterkopf an:

»Mach dir keine schmutzigen Gedanken über Sheila!«

Die Jahresversammlung der Football League war für Freitag, den 6. Juni 1980 im Café Royal in London anberaumt. Die Abstimmung über die Wiederaufnahme in die Liga sollte gegen 14.30 Uhr stattfinden.

Bills Assistent hieß Alfie, ein großer Kerl Anfang dreißig, der immer noch zu Hause bei seiner Mutter wohnte. Bill neckte ihn damit, dass er immer noch Jungfrau war. Anfangs machte Alfie noch gute Miene zum bösen Spiel, nach geraumer Zeit war es aber nicht mehr zu übersehen, dass ihm das Thema unangenehm war.

»Arbeiten wir heute auch noch, oder was?«, fragte er.

In der Mittagspause zog es Alfie zumeist nach oben, um bei den Tauben zu sitzen und die Sandwiches zu vertilgen, die ihm seine Mutter gemacht hatte. Ich ging ihm hinterher und wir setzten uns einander gegenüber auf hochkant gestellte Kisten. Er sah niedergeschlagen aus. Ich fragte ihn, was los sei.

»Es ist wegen Bill. Er kotzt mich manchmal an.«

Ich hatte ihre Unterhaltung am Morgen gehört. Bill hatte Alfie mit den Worten zugesetzt, er hänge noch am Rockzipfel seiner

Mutter und würde nie eine Freundin bekommen, wenn er so viel Zeit mit ihr verbrachte. Sie führte für ihn sein Leben. Konnte sie sich denn eigentlich nicht um ihren eigenen Kram kümmern? Und warum verschwendete er seine Freitagabende damit, sie wie ein besserer Taxifahrer zum Bingo und zurück zu kutschieren? Er solle sein eigenes Leben leben. Er sei doch kein Kind mehr.

Alfie fühlte sich auch in der Arbeit ausgenutzt. Er war nicht als Fahrer eingestellt, sollte aber andauernd mit dem LKW Bücher ausliefern. Er verriet mir, was er verdiente und fragte mich, ob ich das für seine Tätigkeit für angemessen hielt. Sein Stundenlohn lag nur ein paar Pence über dem meinigen. Ich fragte ihn, ob er in der Gewerkschaft sei.

»Du machst wohl Scherze! Sie würden hier keinen Gewerkschaftler reinlassen. Die würden den Laden hier dichtmachen.«

Ich riet ihm, sich anständig beraten zu lassen. Er wurde gereizt. Er sprang auf und zerknüllte das Papier, in das seine Sandwiches eingewickelt gewesen waren. Ich dachte erst, er würde es wegschleudern, aber dann steckte er es in seine Hosentasche.

»Was geht dich das überhaupt an? Du haust ja dann eh auf die Uni oder sonst wohin ab, nicht wahr? Aber ich, ich werde immer noch hier sein, wenn du schon längst weg bist!«

Als Alfie am nächsten Tag die Post aufs Postamt brachte, bat mich Bill um ein ›kurzes Wort‹. Er rieb seine Hände an seinem Kittel und zog die Augenbrauen hoch:

»Pass auf, ich weiß nicht genau, was du zu Alfie gesagt hast, aber es ist wahrscheinlich keine gute Idee, weiter mit ihm zu reden. Ich glaube, du hast ihn gestern aufgeregt. Er ist ein sensibler Kerl, weißt du, es braucht nicht viel, um ihn zum Ausrasten zu bringen.«

Wir machten gerade unsere nachmittägliche Teepause, als die Nachricht von der Abstimmung im Café Royal über den Ligaverbleib durchsickerte. Das Radio lief und die letzte Meldung des Nachrichtenblocks war an der Reihe; der Sprecher hatte zuvor gesagt, er hätte ›wichtige Neuigkeiten für die Fans von Altrincham und Rochdale, die verzweifelt auf eine Nachricht zur Zukunft ihres Vereins warteten.‹

Ich saß abseits der anderen auf einem Vorsprung bei der Tür zum ersten Stock. Die Sonne schimmerte durchs Fenster und ich konnte die Staubpartikel träge durch den Raum treiben sehen.

Der Sprecher überbrachte die Nachricht: Rochdale war mit einer Stimme Mehrheit in die Football League zurückgewählt worden. Ich lehnte mich zurück und schloss die Augen, der Ohnmacht nahe. Erleichterung und Glück und Liebe und Freude durchströmten mich. Ich versuchte, Bill und Alfie die Wichtigkeit der Nachricht klarzumachen, aber sie verstanden es einfach nicht.

»Die sind doch sowieso nur Müll. Ich weiß gar nicht, warum sich überhaupt jemand mit denen abgibt.«

Bill machte sich mein Hochgefühl zunutze und meinte, es würde mir doch sicherlich nichts ausmachen, kurz zum Laden rüberzuspringen, ein paar Kit Kats zu kaufen und nach meiner Rückkehr eine neue Kanne Tee aufzusetzen. Als ich durch die Ausgangstür hüpfte, rief er mir nach:

»Und piss dich nicht vor lauter Aufregung an!«

Bob Stokoe verließ den Club und ließ die Zeitungen wissen, ›der Job sei ihm zu groß‹. Er wurde fotografiert, wie er trotzig mit der Reisetasche in der Hand abmarschierte. Über dem Polohemd trug er eine leichte Strickjacke, die seitlichen Haarsträhnen waren ordentlich über den kahlen Schädel gelegt. Er sah aus wie ein Mann, von dem plötzlich alle Sorgen abgefallen waren, der auf dem Weg zum Flughafen oder zum Bahnhof war, der seinen Zweck erfüllt und genug gelitten hatte. Er sagte, er hätte seinen Abschied nur deshalb hinausgezögert, weil er dem Gesuch des Vereins um den Ligaverbleib nicht schaden wollte.

Die implizite Botschaft hinter Rochdales knapper Wiederwahl* lautete, dass dem Club noch eine allerletzte Chance gewährt wurde. Wenn sie in der kommenden Saison auf einem der letzten vier Plätze landeten, wäre ihr Ausschluss besiegelt.

---

* Tatsächlich war es noch knapper, als man zunächst dachte. Zwei Vereinsvorsitzende, die zusammen zur Versammlung anreisten, wurden in einen Autounfall verwickelt und verpassten die Abstimmung. Angeblich hatten beide vorgehabt, für Altrinchams Aufnahme in die Liga zu stimmen. Eigentlich sollte an genau dieser Unfallstelle von Rechts wegen eine Gedenktafel aufgestellt werden, die sie als Ort der Wiedergeburt des Rochdale Association Football Clubs ausweist. So schön diese Story auch ist, so lautet doch eine andere Version, dass der Vorsitzende von Luton Town in einem Stau stecken blieb und sein Kollege von Grimsby Town seinen Wahlzettel versehentlich ungültig gemacht hatte. Beide weigerten sich zu verraten, wer ihre Stimme bekommen hätte. Die Gedenktafel muss also wohl noch ein Weilchen warten.

13

Ein Kichern in seinen Stiefeln

Immer wenn ich krank war blätterte ich mich durch meine Sammlung von Rochdales Stadionheften; das war meine Therapie. Ich hatte teilweise sogar Ausgaben aus den späten 1940ern. Die Seiten vergilbten schön langsam. Auf den Rückseiten waren mit Tinte die Auswechslungen und die Torschützen hingekritzelt. Die Spieler hatten eigenartige Haarschnitte – kurz, lang, hohe Ponys, Koteletten, Bürstenschnitte, Seitenscheitel – und sie trugen Vornamen wie Ted, Duggie, Ray, Bert, Harold, Geo und Eric.

Auf den Fotos war die heute noch vertraute Szenerie zu sehen – die Bäume, die über die Tribünen der Sandy-Lane-Kurve ragten; das Gras auf ›dem Hügel‹; die Blöcke; die Tribünen. Die Spieler, die mit verschränkten Armen in die Kamera lächelten, kamen und gingen, aber der Hintergrund blieb immer derselbe. Sie waren wie Familienmitglieder, etwa deine älteren Brüder oder deine Onkel, die lange, bevor du überhaupt geboren wurdest, in dem Haus fotografiert worden waren, in dem du nun wohntest. Wenn man solche Stadionhefte hatte, kam man sich vor wie ein Zuspätkommer bei diesen Spielen, wie eine Gestalt, die aus einer dreißig Jahre entfernten Zukunft durchs Drehkreuz schlüpfte, sich in der Menge verlor, sich den Regen vom Revers wischte.

Bevor ich für Jack gearbeitet hatte, hatte ich mir nie Gedanken darüber gemacht, wie die Stadionhefte eigentlich entstanden. Ihre Herstellung unterlag meiner magischen und romantischen Verklärung, wie so vieles am Fußballbusiness. Ich stellte mir nie vor, wie sie von jemandem geschrieben oder gedruckt wurden, sie waren am Spieltag einfach da, so wie die Mannschaft drei Minuten vor Anpfiff.

Als sich Jack einverstanden erklärte, dass ich Beiträge fürs Stadionheft schrieb, war ich fassungslos vor Glück, Teil dieser Magie zu werden und so Unsterblichkeit zu erlangen. Irgendein Junge konnte in dreißig Jahren meinen Namen darin entdecken, meine Worte lesen und (so wie ich es in diesem Moment gerade tat) den Gedanken durchspielen, dass er jetzt fünfundvierzig wäre, wenn *er* damals mit fünfzehn diesen Artikel geschrieben hätte. Wie war es mit ihm weitergegangen? War er noch Fan des Clubs? Hatte er geheiratet? War er aus der Gegend weggezogen? Hatte er Kinder? Sah er noch ungefähr so aus wie damals?*

Nachdem er sowohl Doug Collins als auch Bob Stokoe als Assistent zur Seite gestanden hatte, wurde Peter Madden, ein 42-jähriger Ex-Gardesoldat, zum Trainer ernannt. Er war ein Riese, der den Platz von zwei Männern beanspruchte, wenn er mit zurückgezogenen Schultern und angelegten Armen auf dem offiziellen Mannschaftsfoto stand.

Seine erste Aufgabe war es, die Behauptungen zu widerlegen, Rochdale stehe am Rande des Zusammenbruchs.

»Es gibt keinen Zweifel daran, dass Rochdale zur neuen Saison in der Football League antreten wird. Rochdale hat eine lange Tradition im Ligafußball und wird diese auch fortsetzen«, sagte er.

Seine Spieler würden so hart arbeiten, dass sie ›das Gras versengen‹ würden, und er bekannte:

»Das ist mehr als nur ein Job für mich. Das ist meine Berufung. Ich bin mir sicher, dass ich die Spieler wieder motivieren kann.«

Die erste Neuverpflichtung war Eugene Martinez. Obwohl er in Chelmsford geboren war, bediente er unverkennbar alle Klischees seiner Latinowurzeln. In seiner spitzbübischen Schönheit war er ein talentierter Außenstürmer mit einem stattlichen Repertoire an Tricks und Finessen, Finten und Ausweichmanövern. Wenn Rochdale in Führung lag und er die Oberhand über den gegnerischen Verteidiger hatte, konnte man fast das Kichern in seinen Stiefeln hören, wenn er zur Torauslinie stol-

---

* Dieser Ironie des Schicksals bin auch ich nicht entgangen. Es ist fast genau dreißig Jahre her, dass ich für das Stadionheft geschrieben hatte. Autsch!

zierte. Wenn sich Rochdale aber abrackern musste und der Verteidiger sich als unüberwindbar erwies, begann es in Martinez zu kochen. Dann verpasste er dem Abwehrspieler einen Stoß in die Rippen oder grätschte ihn um. Und wenn ihn sein Gegner dann trotzdem weiterhin in enge Deckung nahm und sich verwegen seinen Herausforderungen stellte, dann trachtete Martinez irgendwann nur noch nach Vergeltung. Bums. Gute Nacht. Anschließend marschierte der kleine Flügelstürmer wild gestikulierend Richtung Umkleidekabine, schimpfte auf alles und jeden und schubste dabei auch seine eigenen Mannschaftskameraden weg. Der Schiedsrichter musste ihn nicht einmal mehr offiziell des Spielfeldes verweisen; Martinez war schon längst im Mannschaftsbus und beklagte sich beim Fahrer weiter, dass sich die ganze Welt gegen ihn verschworen hatte und niemand ihn verstand, niemals.

Das Stadionheft befand sich – wie der ganze Verein – in einem beklagenswerten Zustand. Es war auf billigstem Papier gedruckt, normalerweise ohne Bilder oder Farbe, und an seine Aufmachung oder den Inhalt wurden offenbar nur wenige Gedanken verschwendet. Die Fans konnten es innerhalb von ein paar Minuten lesen und entsorgten es zumeist gleich danach wieder, indem sie es zwischen die Sitze quetschten oder auf der Tribüne achtlos beiseite warfen.

Es war ein improvisiertes Ding; oberflächlich und voller Fehler, der lebende Beweis dafür, dass sich niemand wirklich darum kümmerte. Jack hatte auf freiwilliger Basis die Herausgeberschaft übernommen, weil es sonst niemanden dafür gab. Ohne Jacks Engagement hätte der Verein nur noch die reinen Mannschaftsaufstellungen herausgeben können.

In den Ausgaben wimmelte es nur so vor Rechtschreibfehlern, in beinahe jeder Zeile fand sich einer. Ständig wurden Spielernamen falsch geschrieben, auch die von Rochdales Spielern. Aus Jimmy Seal wurde für den Großteil der Saison Jimmy Seel, während man bei gegnerischen Spielern mit angeblichen Namen wie Leville Southall, Dave Beaufant, Elvin Edwards, Franny Fur, Wayne Wankly und Dreak Hampton nur schlimmste Befürchtungen haben konnte.

Die Artikel lasen sich, als würde ihr Verfasser gerade die Grundzüge der englischen Sprache erlernen. Im Stadionheft für das Spiel gegen Hartlepool United wurde David Esser porträtiert. Das Porträt begann so: ›Der junge Dave Esser wird darüber möglicherweise nicht glücklich sein, aber das wissen wir nicht genau, aber die meisten Rochdale-Fans sind glücklich, dass Dave, der gegen Ende der letzten Saison weggehen wollte, noch bei uns ist, auf einem Stammplatz und die Ware effektiver als je zuvor herstellt. Und es schloss so: ›Er interessiert sich für die meisten Sportarten und wenn er etwas noch weniger mag als ein Spiel zu verlieren, dann ist es die Dezimierung der Wale auf der Welt.‹

Die Viertelseite, die der Gästemannschaft gewidmet war, enthielt nüchternes Geschwätz wie ›Die Rochdale-Fans heißen ihre Gäste aus der Nachbarschaft (Bury) willkommen und hoffen auf ein unterhaltsames Spiel, zu dem unsere Gäste sicherlich einen wertvollen Beitrag leisten können.‹

Als erstes schrieb ich eine Seite namens *Nachrichten um vier*. Ich las mich durch alle Tageszeitungen und Lokalblätter und holte Informationen über die anderen Clubs in unserer Liga ein. Ich war ziemlich überrascht, als mich Jack fragte, ob ich auch Peter Maddens Seite schreiben wolle.

»Macht er das denn nicht selbst?«

»Ist er ein Arschficker oder was? Dazu ist er viel zu beschäftigt.«

»Und was soll ich schreiben?«

»Was du willst, solange es nicht völlig bescheuert ist und du dir nicht einzelne Spieler herauspickst, um über sie herzuziehen.«

Wenige Wochen später wurde ich zu Peter Maddens Stimme. Ich eignete mir Jacks Technik an, Banalitäten wie die abzusondern, dass die Jungs die Ärmel hochkrempeln müssten oder dass sie sich reinknien und auf den nächsten Monat konzentrieren sollten.

Mit der Verpflichtung von Barry Wellings von York City war die Angriffsreihe komplett. Wellings – das vermerkte sogar der *Rochdale Observer* – war ›goldhaarig‹. Und tatsächlich hatte er die Art langen samtenen, flachsblonden Haares wie die Heldinnen in den beliebten Märchenbüchern, die wir als Kinder alle gelesen hatten. Doch war sein Haar auch das von Aschenputtel, so waren sein kurzer, massiger Körperbau und sein spitzes Kinn doch die eines entlaufenen Trolls, der in Fußballklamotten gesteckt worden war.

Ebenfalls in den Vordergrund rückte ein junger Stürmer namens Mark Hilditch, allseits bekannt als *Spoonface*, benannt nach den dermaßen einmaligen Grimassen, die er schneiden konnte.

Peter Madden versammelte seinen Kader aus bisherigen Nebendarstellern zum vorsaisonalen Fototermin. Dieses Mal schienen sie in ihren einheitlichen Trikots und Hosen wenigstens zur gleichen Truppe zu gehören. Das Bild zeigte sie bei ihren Sit-ups auf einem Stückchen Land, das dem Ödland zwischen der Frittenbude und dem Waschsalon in der benachbarten Sozialwohnungssiedlung glich – der Zaun hinter ihnen heruntergerissen, versprengte ungemähte Grasbüschel. Das waren also die Leute und die Anlage, mit denen die Zukunft des Rochdale AFC geschmiedet werden musste.

Dad fuhr mich mit meinen getippten Manuskriptseiten quer durch die Stadt zur Druckerei. Der Eingang lag am Ende einer schmalen Gasse voller Hundehaufen und zerknüllten Bierdosen. Nur an einem winzigen Schild war zu erkennen, dass es sich um eine Druckerei handelte. Ich klopfte. Keine Antwort. Ich klopfte nochmals, diesmal stärker. Niemand kam. Ich tastete nach der Türklinke und drückte sie herunter.

Drinnen war es dunkel. Die Maschinen lärmten und spuckten bändeweise Papier aus. Der beißende Geruch von Tinte hing schwer in der Luft. Ich sah ein paar Stadionhefte von Rochdale herumliegen. Die auf den Bänken waren mit runden Tassenab-

Peter Madden, der überhaupt nicht so tut, als würde er telefonieren.

drücken übersät. Die anderen lagen lose auf dem Boden verstreut, zerrissen, abgewetzt und mit Fußabdrücken darauf.

Der Mann, der am nächsten zur Tür stand, sortierte Papier. Er schaute kurz herüber, als ich eintrat, dann aber gleich wieder weg und arbeitete weiter. Ich winkte. Er tat so, als bemerke er mich nicht, und drehte mir den Rücken zu, als er mit dem nächsten Stapel begann. Ich ging hinüber und stand ein paar Schritte von ihm entfernt.

»Ich habe ein bisschen Material für das Stadionheft von Rochdale«, krächzte ich.

Er schüttelte den Kopf.

»Ich habe ein bisschen Material für das Stadionheft von Rochdale!«

Er nickte, als hätte er mich verstanden, und drehte den Kopf dann zur Seite. Er bedeutete mir, ich solle auf der anderen Seite des Raumes jemand anderen suchen. Ich ging einen schmalen Durchgang zwischen zwei Maschinen hinunter und sah einen älteren Mann, der einen Hebel gedrückt hielt. Er hatte Tinte auf der Stirn. Als ich näher kam, hielt er seine freie Hand in die Höhe. Nach ein paar Sekunden zog er den Hebel zurück und schrie:

»Was willst du?«

»Ich habe ein bisschen Material für das Stadionheft von Rochdale.«

»Da bist du aber ein bisschen spät dran, oder?«

»Jack meinte, wenn ich es euch eine Woche vor dem Spiel bringen würde, könntet ihr es noch einbauen.«

»Wer zum Teufel ist dieser Jack?«

»Jack Hammill, er gibt das Stadionheft heraus.«

»Also, ich kenne ihn verdammt noch mal nicht. Das wächst sich ja zu einem richtig beschissenen Job aus, das Ding.«

Ich zuckte mit den Schultern.

»Erst kommt der Vollidiot vom Fanclub mit seinen Papierfetzen, der verdammte Jack oder-wie-er-heißt, und jetzt du. Warum können wir das Teil nicht in einem Schwung bekommen? So könnt ihr kein Magazin machen, so kleckerweise.«

Ich verteidigte mich, dass ich es nur so machte, wie man es mir gesagt hatte. Er mäßigte sich ein wenig.

»Wir haben die Seiten für die nächste Ausgabe beinahe fertig gesetzt. Jetzt müssen wir wieder eine neue Platte machen.«

Er legte die Papiere mit meinen Artikeln auf einen mit Notizzetteln übersäten Tisch. Ich sprach meine Gedanken offen aus:

»Sie verlieren es doch nicht, oder?«

»Nein, ich werde es verdammt noch mal nicht verlieren«, bellte er mich an, hob eine leere Tasse hoch und knallte sie wieder hin.

Ich ging, um sie den Text auf die Bleiplatten setzen zu lassen. Sie müssen den Job wohl nach einem Pubbesuch erledigt haben: Auf die Interpunktion wurde fast vollständig verzichtet, ab und zu tauchten ziemlich bizarre Wörter auf und die Zeilen liefen schräg nach oben oder unten.

Die ersten paar Male regte ich mich noch furchtbar darüber auf, dass die Angabe des Verfassers fehlte; nach ein paar Wochen begriff ich schön langsam, dass es wohl besser so war.

Während der Sommerpause1980 wurde im Spotland ein rostiges Hufeisen ausgegraben, das vermutlich einst Dolly gehört hatte, einem Pferd, das vor fünfzig Jahren eine Walze über den Rasen gezogen hatte. Es wurde an die Tür der Umkleidekabine der Heimmannschaft genagelt und Rochdale verlor von den ersten sechs Spielen nur ein einziges, was sie bis in die Nähe der Aufstiegsränge brachte. Es war ihr bester Saisonstart seit 1925.

Nach den Erfahrungen mit Nigel O'Loughlin und Mr. Smithies hatte ich das Fußballspielen mehr oder weniger aufgegeben. Zudem hatte ich ein paar Verletzungen erlitten, darunter ein aufgeschlagenes Knie, das mich monatelang außer Gefecht setzte.

Der Farrel Bridge FC kämpfte verzweifelt um genügend Spieler, um eine Mannschaft zusammenzubringen. Sie standen tief im Tabellenkeller der untersten Division der Rochdale Amateur League. Ihr Trainer, einer der Ingenieure aus der Fabrik, zu der das Team gehörte, fragte meinen Vater, ob ich für sie spielen wolle. Ich war fünfzehn und klein für mein Alter, also stellten sie mich auf den Flügel.

»Da draußen wirst du nicht so zusammengetreten.«

Das erste Spiel, in dem ich dabei war, verloren wir, aber im zweiten besiegten wir den Tabellenführer sensationell mit 3:0. Zwei oder drei andere Spieler hatten mit mir zusammen angefangen und wir konnten von Beginn an das Spiel des anderen lesen und spielten gut zusammen. Die anderen Spieler waren viel älter als ich und äußerst kampfbereit. Wenn ich gut spielte und den gegnerischen Verteidiger im Griff hatte, ermunterten sie mich, ›ihn zu verarschen‹. Die Verteidiger mochten das natürlich nicht und versuchten mich umzusäbeln; normalerweise konnte ich aber gerade noch über ihre Schienbeine springen. Meine Mannschaftskameraden kamen dann von hinten angerannt, stießen den Verteidiger am Brustkorb weg und machten ihm klar, er solle sich verdammt noch mal zusammenreißen und den Jungen in Ruhe lassen.‹ Ein paar diskutierten und schimpften zumeist das ganze Spiel hindurch. Die Schiedsrichter fluchten dann zurück:

»*Ich* bin hier der Schiri! Verpiss dich, wenn dir was nicht passt!«

Die Matches selbst wurden immer in einer zänkischen und streitsüchtigen Atmosphäre ausgetragen; die Spieler rechneten miteinander ab und stießen sich gegenseitig in den Rücken. Sie schwangen die Fäuste; nicht wie bei den Scheingefechten der Profis, sondern mit eiskalten, präzisen Schlägen seitlich gegen das Gesicht.

Wir spielten bei Buckley Hall, der örtlichen Jugendstrafanstalt, in deren Team auch drei oder vier schwarze Jungs standen. Ich hatte noch nie zuvor so viele verschiedene Bezeichnungen für Schwarze gehört. Ich solle den ›Eierlöffel‹ (für ›Neger‹) dekken, an den ›Hund und Katz‹ (für ›Kanaken‹) rangehen und das ›Häschen‹ (für ›Dschungelhäschen‹) im Auge behalten. Nach dem Spiel schüttelten sich dann aber beide Teams herzlich die Hände und klopften sich gegenseitig auf den Rücken: war doch alles nur im Namen des Sports gewesen, anscheinend.

Match des (grauen) Tages: Farrel Bridge gegen Torchbearers, Firgrove, Rochdale.

In seinen ersten dreizehn Ligaspielen traf Barry Wellings nur ein einziges Mal, aber als sich die Spielfelder im Herbst langsam aufweichten, erwies er sich als wahre Offenbarung. Er passte sein Spiel seinem Körperbau an. Da er über keine nennenswerten Beine verfügte, war er viel beweglicher, wenn er auf dem Hintern über den Rasen schlidderte. Die unerwartete Ankunft von Wellings beendete schlagartig das Elend im gegnerischen Strafraum. Ein güldener Schein blitzte über das Gras, der Hintern kollidierte mit dem Ball und der schlug zumeist im Netz ein. Wellings sprang triumphierend auf und feierte das Tor, wobei er auf dem Weg zur Mittellinie eine ordentliche Portion des Spielfelds von seinem Hosenboden abstreifte.

Zwischen all den Fehden und Kämpfen spielte Farrel Bridge gelegentlich auch ganz passabel Fußball und die Siegesserie ließ die Mannschaft ins Mittelfeld der Tabelle hochklettern. Die Firma war erfreut, kaufte für uns Medaillen und veranstaltete zu deren Übergabe einen Saisonabschlussabend.

Mein Vater trank manchmal etwas in einem Pub in der Nähe der Maschinenfabrik und hörte dort an der Bar einmal zufällig eine Unterhaltung mit. Zwei Typensprachen über den Formanstieg von Farrel Bridge.

»Sie haben offenbar so einen Jungen verpflichtet, der auf dem Flügel spielt und sie alle austanzt.«

Als er mir am nächsten Tag erzählte, was er gehört hatte, übermannte mich das Gefühl, dass kaum etwas, was ich in meinem Leben noch erreichen mochte, dieses Glücksgefühl, dieses Wohlbehagen angesichts der aufgeschnappten Gesprächsfetzen noch übertreffen konnte.

Auf dem Saisonabschlussabend vereinbarten wir, uns im Juli zur Saisonvorbereitung wiederzutreffen. Doch noch bevor es so weit war, verwirklichte das Werk seine Pläne zum Stellenabbau. Viele verloren ihren Job und die Mannschaft wurde aufgelöst.

Peter Maddens Einsatz für risikofreudigen Fußball und seine dynamische Kraft (»Diese Spieler würden für mich sterben«) rüttelten den Verein auf. Die Fans sammelten. Bei den meisten Heimspielen wanderten Mitglieder des Fanclubs mit einer Decke ums Spielfeld, in die die Fans Münzen warfen. Manche schlurften die Tribünen hinunter, um sie hineinzulegen, aber die anderen betrachteten das Ganze als ihre Halbzeitunterhaltung. Sie schleuderten das Geld durch die Luft und jedesmal, wenn jemand am Hinterkopf getroffen wurde, brach Jubel aus. Wenn sie ihr Ziel trafen, ging der Deckenträger in die Knie und die Decke fiel an einer Ecke herunter. Das Geld ergoss sich auf das Spielfeld: Jackpot! Die anderen Deckenträger schrien in die Blöcke:

»Hört ihr gefälligst damit auf? Ihr schießt noch jemandem das verdammte Auge raus!«

Freiwillige strichen sonntags das Stadion. Der Rochdale Karate Club sammelte bei einer gesponserten Liegestützen-Stunde 100 Pfund. Mr. Greaves, ein 84-Jähriger aus Coventry, versprach dem Verein für jeden Sieg ein Pfund – die Hälfte seines verfügbaren Geldes für eine Woche. Eine Gruppe Fans sammelte Geld in einem Mülleimer, den sie – angeführt von einem Labrador mit einem königsblauen Band – durch die Innenstadt schoben. Die Direktorengattinnen luden zum Abendessen mit Kartoffelgratin. Ein Fan, Tony Lord, spendete alleine 125 Pfund.

Jede dieser Aktionen war für sich genommen klein, aber zusammen erweckten sie genau den Gemeinschaftssinn, den man so lange vermisst hatte. Der Dale war im Aufwärtstrend.

Wenn ich über die Spiele von Rochdale berichtete, unterliefen mir andauernd Fehler. Bei einem Spiel wiederholte Jack gebetsmühlenartig, ich solle ja nicht vergessen, der BBC den Endstand durchzugeben. Er ermahnte mich so oft, dass er mich richtiggehend nervös machte. Also übermittelte ich ihnen den ›Endstand‹ schon, als noch vier oder fünf Minuten zu spielen waren. Jack bekam es zufällig mit und begann zu schreien:

»Was hast du da gerade gemacht? Was hast du da gerade gemacht?«

»Ich habe der BBC den Endstand durchgegeben.«

»Aber das verdammte Spiel ist doch noch gar nicht vorbei, du Schwachkopf!«

Bis zu diesem Zeitpunkt hatte ich mein Handeln für absolut logisch gehalten. Im Grunde beglückwünschte ich mich sogar selbst zu meiner Effizienz. Ich hatte den Job erledigt und dabei auch noch Zeit gespart.

Jack war mitten beim Diktieren eines Textes gewesen, als er mich ertappte. Er hatte immer noch den Hörer in der Hand. Am anderen Ende der Leitung wiederholte sich eine krächzende Stimme:

»Hallo Jack, Jack ... bist du noch dran?«

Jack war jetzt irgendwo anders, aber sicher nicht mehr von dieser Welt.

»Du rufst sie jetzt verdammt noch mal an! Hast du verstanden? Das Spiel ist noch nicht vorbei! Wenn jetzt einer trifft, dann sind wir erledigt! Ruf sie an!«

Er wedelte mit dem Telefon herum und ich dachte schon, er würde gleich damit auf mich einschlagen.* Während ich versuchte, zur BBC durchzukommen, pfiff der Schiedsrichter das Spiel ab. Jack schaute herüber, seufzte und schüttelte den Kopf.

»Ich werde künftig verdammt gut auf dich aufpassen müssen.«

Und tatsächlich beobachtete und belauschte er mich künftig. Er packte mich bei meiner Grammatik. Bei einem Spiel, während dessen er mein Englisch schon mehrere Male verbessert hatte,

---

* Ich erlebte Jack noch ein anderes Mal wütend, als wir über die Enthüllungen der *Rap* über Fred Ratcliffe diskutierten. »Unglaublich, einem alten Mann so hinterherzuschleichen«, sagte er. »Little Freddie verdient mehr Respekt für das, was er für diese Stadt und den Fußballverein getan hat. Sie sind einfach ... (er unterbrach sich für eine Sekunde, um die richtigen Worte zu finden, und spuckte dann aus) verschlagene Bastarde! Genau das sind sie, verschlagene Bastarde!«

griff seine Verzweiflung über mich schließlich auch auf mich selbst über.

»Warum bin ich nur so unakkurat, Jack?«

Sein Herzschlag beschleunigte den Takt. Oder geriet gar *aus* dem Takt.

»Unakkurat? Unakkurat? Dir ist doch nicht mehr zu helfen, oder? Du hast es gerade wieder gemacht. Dieses Wort gibt es nicht. Du meinst wohl inakkurat?«*

Rochdale behielt seine gute Form bei und war Mitte Januar nur zwei Punkte von einem Aufstiegsplatz entfernt. Madden gestand die Chance ein, die vierte Liga über den unerwarteten Weg nach oben anstatt nach unten zu verlassen.

»Ja, das könnte nun passieren«, sagte er.

Umgehend setzte der Club zu seiner schrecklichsten Saisonphase an und holte nur einen Sieg aus den folgenden zehn Spielen. Rochdale beendete die Saison auf einem relativ enttäuschenden 15. Platz, aber immerhin sieben Punkte vor der Abstiegszone. Bob Stokoe hatte zuvor gesagt, es wäre ein ›Wunder‹, wenn Rochdale nicht auf einem der letzten vier Plätze landen würde.

Im letzten Stadionheft des Saison veröffentlichte die Clubsekretärin Wyn Rawlinson ein Gedicht, das sie dem von Madden aufgebauten Team widmete. Sie sagte, die zweite Strophe passe ›ziemlich gut‹ zur Melodie von *John Brown's Body* und die Fans wurden gebeten, auf den Tribünen mitzusingen:

---

* Die Erfahrung, mit Jack gearbeitet zu haben, war von unschätzbarem Wert, ein zuverlässiges Training der ›alten Schule‹. Als das YOP zu Ende war, entschloss ich mich aber doch, den formalen Weg einzuschlagen. Ich bekam an der Uni einen Vollzeitstudienplatz in Journalistik. Danach brach unser Kontakt ab und ich unterhielt mich nur noch einmal richtig mit ihm. Ich war schlecht drauf, weil ich mich bei einer Abendzeitung verkannt und überarbeitet fühlte. Ich rief ihn an und fragte ihn, ob er es für eine gute Idee hielt, sich als Freiberufler selbstständig zu machen, so wie er es Jahre zuvor auch getan hatte. Er warnte mich unmissverständlich und mit aller Entschlossenheit davor. »Halte dort aus«, meinte er. Nach all den Jahren halte ich das immer noch für den schlechtesten Rat, der mir je erteilt wurde, wenn er natürlich auch gut gemeint war.

›Und Peter Maddens Leute sind auf der richtigen Spur,
Sie haben den Mut und den Geist, um zu bestehen,
Und ist der Weg auch weit, ihr Einsatz lohnt sich nur,
Wenn sie auch weitermarschieren.‹

Natürlich sang keiner mit. Stattdessen stimmten alle das an, was sie schon immer angestimmt hatten und auch heute noch anstimmen: den lang gezogenen Klagelaut ›Daaaaaaayyyyyuuuul‹.